육백미터 한강 다이어트

육백미터 한강 다이어트

기후위기로부터
도시를
구하는 법

조신형

site&page

일러두기

1. 이 책에 등장하는 '마케마케'는 본래 남태평양 이스터섬의 라파누이 신화에 등장하는 신의 이름으로, 인간을 창조하고 풍요로움을 전해 주는 존재이다. 저자는 이 책에서 한강의 새로운 시스템과 이로 인해 창출되는 서울의 도시적 비전을 '마케마케 프로젝트'로 명명하고 있다.

2. 이 책의 주석은 모두 권말에 후주로 넣었다.

3. 외국 인명이나 지명, 작품명 등은 국립국어원의 외래어 표기법을 따랐으며, 일부는 자주 사용되는 용례와 현지의 실제 발음을 고려하여 표기하였다.

4. 영화 제목은 꺾쇠로(〈 〉), 국문 논문 및 법률명은 홑낫표(「 」)로, 국문 단행본과 정기간행물 등은 겹낫표(『 』)로 묶어 주었으며, 신문기사 제목은 큰따옴표(" ")로, 신문사명은 겹꺾쇠(《 》)로 묶어 주었다.

PROLOGUE   한강의 그늘   013

CHAPTER 1   줄이기   021

물 스트레스가 높은 도시   023

200년 주기의 폭우를 예방하는
도쿄의 지하 수조   027

한강 폭을 줄이는 이유   035

중세 로마인을 살린
거대한 지하 수조   048

CHAPTER 2 늘리기   053

인간을 이롭게 하는 물줄기   055

전 세계 도시의
강을 다루는 방식들:
로마, 런던, 파리   057

우리는 한강과 친하게 지냈을까   072

사람을 끌어들이는 워터프런트   084

창조성을 일깨우는 건축적 기반   088

사례 1. 투리아강:
발렌시아를
예술과 과학의 도시로 견인하다   097

사례 2. 네르비온강:
문화의 도시 빌바오를 잉태하다   103

사례 3. 엘베강:
홍수와 슬럼화를 막아
하펜시티를 만들다   109

한강에 잠겼던
풍류와 아취의 마을,
우천리가 되살아난다면?   116

물을 더 알뜰하게 쓰는 법,
중수 활용   121

물로 일으키는 에너지   129

CHAPTER 3   만들기   139

모두를 위한 도시, 에코돔   141
왜 돔인가   151
에코돔에서 일어나는 일   162
살고 싶은 도시   166

EPILOGUE   도시의 균형과 건강을 위한, 한강 다이어트   177

후주   181

최고의 시절이었고, 최악의 시절이었고,
지혜의 시대였고, 어리석음의 시대였고,
믿음의 세기였고, 불신의 세기였고,
빛의 계절이었고, 어둠의 계절이었고,
희망의 봄이었고, 절망의 겨울이었고,
우리 앞에 모든 것이 있었고,
우리 앞에 아무것도 없었고,
우리는 모두 천국을 등진 채
반대로 나아가고 있었다.

간추리건대
그 시절은 현 시절과 너무나 닮아 있어
일부 목청 높은 권위자들은
당대를 논할 때 좋은 쪽으로든 나쁜 쪽으로든
양극단의 형태로만 평가하려 들었다.

찰스 디킨스, 『두 도시 이야기』 중

PROLOGUE 한강의 그늘

나는 그늘에 대해 이야기하는 것, 무언가를 들추는 것에 매력을
느낀다. 그것이 철저히 감춰져야 할 대상이라면 더욱 그렇다.
대다수 사람은 불편한 이야기를 꺼내는 것을 환영하지 않는다.
하지만 나의 경우, 불편을 드러내고 바라보는 행위 자체에 의미가
있다고 여긴다. 마치 땅속 아래에서 부지런히 제힘을 뻗치는
뿌리처럼 그늘은 내게 영양분이자 그 이후로 뻗어 갈 가능성을 주는
공간이다. 땅속에 박힌 뿌리엔 칠흑 같은 어둠만 있는 게 아니다.
성장이 있다.

　　　　　이 책은 2가지 그늘로부터 시작한다. 하나는 인구 감소로
인한 도시의 미래다. 통계청의 발표에 따르면 2020년 기준
962만 명이었던 서울의 인구는 2050년엔 792만 명으로 급격히
감소할 예정이다. 부산, 대구 등 대도심의 인구 역시 큰 폭으로

줄어들 것이다. 지금으로부터 100년, 200년이 지나면 그 이후는 어떻게 될까? 불꽃놀이나 놀이동산, 출퇴근 지하철에서 느꼈던 인파나 북새통은 그저 옛날얘기가 될 것이다. 지방소도시는 대도시보다 좀 더 빠르게 유령도시가 될 것이다. 그곳에 사는 대부분의 시민은 고령자일 테니 점차 전문 인력이 있는 병원과 쾌적한 요양시설이 있는 서울에 몰려 살게 되지 않을까? 전체 인구는 급감하더라도, 서울의 혼잡도는 여전할 것이다. 그렇기에 인구 급감과 지방소멸이라는 어두운 그림자가 인류의 당면 미래라 하더라도, 건축가인 나는 서울을 살 만한 도시로 만드는 궁리를 멈출 수 없다.

첫 번째 그늘이 도시의 미래에 있다면, 두 번째는 기후위기로 인한 물 스트레스에 있다. 수소 원자 2개와 산소 원자 1개로 이루어지는 물 분자. 이 간단한 물질은 인간에게 가장 중요한 화학물질이다. 독일 프라이부르크 고등연구소의 프란체스코 라오 연구팀에 의하면 물은 단순한 용매 그 이상이며 실질적으로 단백질의 기능에 중요한 역할을 맡고 있다. 물은 생명을 이루는 근원인 것이다.●

전 세계 곳곳에는 오래전부터 물 부족으로 인해 고통을 호소하는 국가들이 많다. 한국 역시 예외는 아니다. 2023년 8월 감사원은 기후위기로 인해 2031년부터 2100년 사이 매년 5억 8,000만~6억 2,600만m³ 가량의 물 롯데월드타워 크기의 3개 건물에 담은 물의 양이 부족하게 될 것이라 발표했다. 이를 극단적으로 설명하면, 매년 약 5,400명이 물을 전혀 사용할 수 없다는 말과 같다.

물 부족은 인간이 생존하는 데 본질적인 타격을 준다. 인간이 마시는 물은 물론이고 농산물 생산량, 어획량이 급감하면서 전체 식량의 양이 기존 대비 5분의 2 수준으로 떨어질 것이다. 한국은 인구 밀도가 높고 토지 면적이 좁아서 물 스트레스 지수가 항상 높게 산출된다. 또한 여름철에 강한 비가 몰아서 오고 갈수기에 접어들면 가뭄 문제가 심각하다. 이러한 물 스트레스 지수를 낮추기 위해선 물이 극단에 치우치지 않고 제대로 순환하도록 도와야 한다.

전 지구적으로 물의 순환은 어떻게 이루어지는가? 바다에서 증발한 수증기는 공기 중을 떠돌다가 구름을 만들고 비나 눈이 되어 지표면에 내린다. 강과 시냇물에 떨어진 물은 다시 바다로 흐르고, 지표면에 흡수된 물은 지하수를 통해 바다로 흘러간다. 이처럼 지구의 물은 시작도 끝도 없이 계속 돌고 있다. 하지만 세계가 산업화·도시화의 단계를 거치며 물이 순환하는 과정의 일부가 무너졌다. 예를 들면 콘크리트로 덮인 도시의 지면은 물을 제대로 흡수하지 못하여 돌발적인 홍수의 원인이 된다. 이는 도시를 침수시킬 뿐만 아니라 강수를 식수나 생활용수, 농업용수 등으로 활용하지 못한 채 바다로 보내는 우를 범하게 만든다. 서울도 이러한 문제로부터 자유로울 수 없다.

콘크리트로 덮인 도시의 지면은 물을 제대로 흡수하지 못하여 돌발적인 홍수의 원인이 된다. 서울시 내 침수 및 하천범람 위험지역의 총 면적은 9km²로, 전체 면적 대비 14.8%를 차지하고 있다.

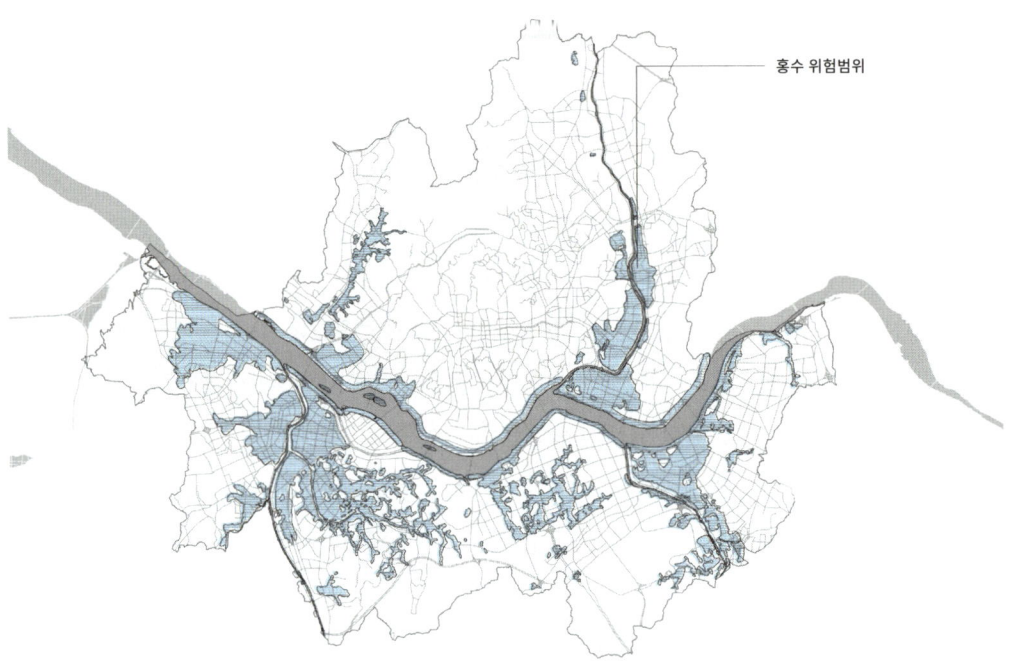

홍수 위험범위

서울시 침수 및 하천범람 위험지역 총 면적

9km²

서울시 면적 대비 침수 및 하천범람 위험지역 비율

14.8%

(출처: 환경부 홍수위험지도 정보시스템)

서울은 앞서 언급한 2가지 짙은 그늘로부터 무엇을 배울 수 있을까? 나는 이를 위해 한강을 다시 돌아봤다. 언제나 그곳에 존재했기에 그 가능성에 대해 진지하게 생각해 본 적 없는 한강. 나는 서울이 물 스트레스로부터 벗어나면서 동시에 새로운 도시를 품을 수 있는 가능성을 한강에서 엿보고 실험적인 프로젝트를 구상했다. 다만 한강이라는 외피, 그 피상적인 모습보다 한강의 아래(underground)에 초점을 맞췄다. 한강의 체질을 개선시키는 이른바 '한강 다이어트'를 목적으로 한 것이다. 이러한 점이 그동안 한강을 주축으로 계획됐던 여러 개선 방안들과 가장 큰 차이점이라 할 수 있다.

나는 한강에 대한 고민과 실험을 총망라한 이 프로젝트에 '마케마케'(Makemake)라고 이름 붙였다. 마케마케는 남태평양 이스터섬의 라파누이 신화에 등장하는 신의 이름이다. 인간을 창조하고 풍요로움을 전해 주는 신화 속 우두머리인 그는 '만드는 일'에 전념했다. 마케마케 프로젝트 역시 마찬가지로 '만드는 일', 즉 한강을 '이롭게 만드는 일'에 주목한다. 이는 다른 이를 위한 세상을 만드는 일이다. 나아가 물질적인 세계뿐만 아니라 물질적 세계를 지배하는 이념의 세계, 우리가 희망하고 그 안에서 살아가는 꿈까지 만드는 일이다.●

어쩌면 인간은 절체절명의 순간에 도래했는지 모른다. 그간 인간은 지구 자원을 꾸준히 사용했고, 그로 인한 고갈과 환경 문제로 인해 스스로 설 자리를 잃는 중이다. 물 부족과 자연 화재, 오염수 등 직면한 적 없는 문제가 산적한 이곳에서 인간은 스스로 생존할 곳을 만들어야 한다. 다만 또 다른 자원을 착취하는 형태여서는 안 될 것이다. 기존의 자원을 낭비하지 않고 순환시켜 '살 만한' 도시를 만들어야 한다. 나는 한강이 그 열쇠를 지니고 있다고 생각한다.

나는 이 책을 3가지 파트로 나누어 보았다. '줄이기, 늘리기, 만들기'라는 3가지의 움직임을 통해 마케마케 프로젝트의 시작 배경과 운영 방안, 효과 등을 기술했다. 첫 번째 파트인 '줄이기'에서는 마케마케 프로젝트에 대한 고민이 시작된 배경을 소개한다. 두 번째 파트인 '늘리기'에서는 마케마케 프로젝트를 적용했을 때 생길 수 있는 변화와 효과에 대해 예견했다. 마지막 파트인 '만들기'에서는 마케마케 프로젝트가 이룩할 결과를 건축과 도시의 차원에서 내다보았다.

이 책은 테크놀로지의 가장 첨예한 부분을 다루진 않는다. 고도의 건축 기술로 SF 영화에 나올 법한 외형의 도시를 건설하자는 얘기도 아니다. 테크놀로지 그 자체를 전하기보다는 조금 더 큰 범주에서 서울에 대한 비전을 제시하는 책에 가깝다. 사람이 살고 싶은 도시, 기후위기나 자연재해 등 환경적 제약이 존재하더라도 사람을 살릴 수 있는 도시의 모습을 궁리했다. 그러니 기술보다는 사람으로 마음을 향하는 책이라고 할 수 있다. 어쩌면 수자원 전문가, 댐 분야의 전문가 등이 본다면 실현 가능성에 대해 고개를 가로저을 수도 있겠다. 특정 영역에서의 지식은 전문가를 능가할 수 없겠지만 나는 건축가의 입장에서 도시의 '다음 장'을 내다보고 싶었다. 물 부족과 기후위기라는 좀처럼 해결책이 보이지 않는 문제를 서울은 어떻게 품고 나아갈 수 있을까? 그 모습은 우리가 살 만한, 살고 싶은 도시의 모습일까?

한강 개발 과정을 전후로 가장 큰 변화를 겪은 지역 중 한 곳인 잠실 일대에서
한강을 촬영한 사진

"알기 쉬운 흰색과 검은색의 대비가 아니라 회색 그러데이션으로 세계를 기술하려 했습니다. 영웅도 악당도 없는 우리가 사는 상대적 가치관의 세계를 있는 그대로 그리고 싶었던 것입니다." ● 일본 사회의 어두운 면을 독특한 시선으로 그려내 시네필에게 깊은 울림을 주었던 영화 〈아무도 모른다〉에서 고레에다 히로카즈는 완전한 선도 완전한 악도 존재하지 않는 회색 지대 같은 현실을 자신만의 영화적 문법으로 보여 주었다. 그 역시 그늘과 결여의 가치를 믿는 사람이라는 생각이 들었다. 하나의 존재나 문제를 다양한 측면에서 입체적으로 고민하는 것은 흑과 백, 이분법적 시선으로 판단하는 것보다 훨씬 어려운 일이다. 하이테크놀로지의 건축-기술과 한강-자연이라는 관계 역시 내게 그렇다. 인간은 기술만으로도 자연만으로도 살 수 없다. 스마트폰 기술과 AI 기술이 아무리 뛰어나도 자연이 우리에게 주는 만족과 효용을 대체할 수는 없으며, 반대로 인간이 동물적이고 본능적인 욕망에 치우쳐 살았다면 눈부신 기술과 역사는 존재하지 않았을 것이다. 기술과 자연 사이의 넘을 수 없는 경계를 흑백의 대비로 판단하지 않고 그 가운데를 부지런히 종횡하며 시대와 사람에게 적절한 좌표를 끊임없이 질문하고 탐험하는 일. 그 여러 단계의 회색 지대 중에서 가장 인간적인 공간을 감지하는 것이 건축이 하는 일 아닐까? 나와 나의 팀이 성실하게 오갔던 '그 사이'에서 미래도시 서울에 대한 어렴풋한 힌트가 나온다면 정말 다행이겠다. 하지만 그렇지 못하더라도 우리의 발자취는 회색 그러데이션 속에서, 또 하나의 다른 회색이 되어 주리라 믿는다.

CHAPTER 1 줄이기

전 세계 평균 강수량을 상회할 정도로
강수량이 많은 한국.
하지만 이러한 풍부한 강수량을 제대로
활용하지 못한 채 상당수를 우수관을 통해
바다로 흘려보내고 있다.
또한 강수량의 계절별·지역별 편차로 인해
여름에는 홍수와 침수가 반복되고,
겨울에는 극심한 가뭄이 이어진다.
이러한 물 스트레스를 줄이기 위해
우리는 어떠한 방안을 마련해 볼 수 있을까?

물 스트레스가 높은 도시

스트레스는 '팽팽하게 되다'라는 뜻의 라틴어 '스트릭투스'(strictus)에서 유래한 단어다. 1946년 캐나다 몬트리올 대학의 내분비학자 한스 휴고 브루노 셀리에 박사가 쥐를 대상으로 한 실험 이후● 현대 질병의 원인으로 자주 등장하기 시작했다. 그는 살아 있는 쥐를 대상으로 스트레스 요인을 주입해 신체적·생리적 반응을 연구한 결과 스트레스가 질병을 일으키는 중요한 인자임을 밝혀냈다.

인간의 건강에 해를 끼치는 스트레스처럼 지구의 건강을 위협하는 요인, 물 스트레스에 대해 들어 본 적이 있을 것이다. 세계자원연구소(World Resources Institute)는 매년 전 세계 국가별로 연평균 사용할 수 있는 수자원 대비 물의 수요량이 차지하는 비중을 물 스트레스 지수로 발표하고 있다. 그중 한국은 심각한 물 스트레스 국가로 분류된다. 2021년 유엔 식량농업기구(FAO)가 공개한 '국가별 물 스트레스 수준의 진전' 보고서에 따르면, 한국의 물 스트레스는 2018년 기준 85.52%로 매우 높은 수준이다. 이러한 숫자는 감이 잘 안 오기 마련이다. 조금 더 구체적으로 비교해 보면 한국의 '전체 재생할 수 있는 담수 자원'은 2018년 기준 약 697억m^3인데, 이는 남미 페루처럼 물이 풍부한 나라의 3.7% 수준이며 한국보다 면적이 작은 파나마의 절반 수준이다. 사막과 초원이 많은 몽골과 비교해도 고작 2배 정도에 불과하다.●

강수량 자체가 적다는 의미일까? 국내의 연평균 강수량은 대체로 1,300mm 안팎인데 이는 전 세계 평균 강수량의 1.6배 정도다. 2022년처럼 연간 강수량이 1150.4mm로 평년 대비 86.7% 수준이었던 해에도 전 세계 평균보다는 비가 많이 왔다. 하지만 문제는 이러한 풍부한 강수량을 제대로 활용하지 못하고 하천과 해양으로 흘러서 실제로 사용할 수 있는 물의 양이 부족하다는 것이다. 그간 우리는 빗물을 저장하기 위해 19개의 다목적댐과 1만 7,500여 개의 저수지를 건설했다. 덕분에 1년 동안 내리는 빗물의 15%를 이 저금통에 담아 둘 수 있게 됐다. 그럼에도 우리가 이용할 수 있는 빗물은 총량 1,297억 톤의 26%인 333억 톤에 지나지 않는다. 내린 비의 4분의 3은 역할도 제대로 해보지 못하고 우수관을 통해 바다로 흘러가 버리는 것이다.

한국의 물 스트레스 지수를 높이는 원인을 꼽자면 강수량의 계절별·지역별 편차가 크다는 점이다. 우리나라는 여름에 폭우가 쏟아지는데, 지구온난화로 인한 엘니뇨는 이러한 폭우를 더 심화시킨다. 엘니뇨는 동태평양의 해수면 온도가 평년보다 0.5도 이상 높은 기후 현상을 말한다. 지구의 온도가 상승하면 대기 상층과 하층의 온도 차로 인해 대기가 불안정해지고 폭염과 국지성 소나기는 점점 더 심해진다. 엘니뇨는 여름철에는 폭우를 내려 홍수와 침수를 발생시키고 겨울에는 하천이 말라붙는 가뭄을 초래해 악순환으로 이어지게 한다.

한강의 수위 및 유량 조절, 퇴적오염토 제거, 홍수 예방 등을 위해 잠실대교에 설치된 잠실 수중보의 모습

국내 수자원 총량(1,323억m³) 중 실제로 활용되는 비중은 28%에 불과하다. 게다가 한국의 높은 인구 밀도는 1인당 강수량을 떨어뜨리는 결과를 초래한다. 지역별 강수량의 편차도 물 스트레스를 높이는 요소 중 하나다. 2022년 여름 중부지방과 남부지방 간의 강수량 차는 532.5mm로 1973년 이래 가장 컸다. 특히, 광주·전남지역 강수량은 역대 세 번째로 적었고 현재까지도 가뭄이 이어지고 있다.

한국이 물 스트레스를 낮추기 위해선 1인당 하루 물 사용량을 줄이는 작은 습관도 중요하지만, 우선적으로 강수량의 편차를 감당할 수 있어야 한다. 즉 비가 퍼부을 때 많은 양의 물을 모아 두었다가 다양한 목적으로 활용할 수 있는 시스템을 마련해야 한다는 것이다. 지금은 많은 양의 물을 담아 둘 물그릇이 현저히 부족하여 하천에서 바다로 막대한 양의 물을 그저 흐르게 두는 수밖에 없다. 더욱이 홍수와 침수 피해는 날이 갈수록 심해지고 있다. 기후위기는 이미 일상에 도래했고, 우리는 이 위기에 대처하며 지속 가능하게 살 방법을 모색해야 한다.

200년 주기의 폭우를 예방하는 도쿄의 지하 수조

참고해 볼 만한 해외 사례에는 어떤 것이 있을까? 일본 도쿄에는 수도권외곽방수로가 있다. 수도권외곽방수로는 축구장 2개가 족히 들어가는 거대한 규모로 그 모습이 웅장하여 '지하 신전'이라는 별명이 있을 정도이다.

일본 도쿄는 강이 많은 지형인 데다가 태풍이 자주 찾아와서 홍수에 취약하다. 일본의 연평균 강우량은 1,306mm인 우리나라보다 좀 더 많은 1,620mm이며, 태평양으로 이어지는 지역은 4,000mm가 넘는 곳도 많다. 또한 시간당 100mm 이상의 국지성 호우가 자주 발생하여 지난 수십 년 전부터 수도권 일대의 홍수를 막기 위한 방안을 적극적으로 도입해 왔다. 도쿄도는 도심 홍수를 방지하기 위해 수도권외곽방수로를 포함하여 20여 개의 유수지와 지하 저류시설을 설치했으며 3곳의 지하터널식 저류시설을 갖추고 있다.

수도권외곽방수로는 도쿄 북쪽의 사이타마현 가스카베시 지하 22m에 위치한 저수시설로, 길이 177m, 폭 78m, 높이 25m로 세계 최대 규모라고 할 수 있다. 일본 국토교통성에 따르면 이 시설은 200년에 1번 닥치는 폭우에 대비할 수 있는 규모로 총 67만 톤의 물을 1번에 저장할 수 있고, 4대의 펌프를 모두 가동하면 길이 25m 수영장 1개 분량의 물을 1초 만에 퍼낼 수 있다. 작동 방식은 강이 범람했을 때 물을 모아 두었다가 폭우가 그치면 에도강에 방류하는

(위)　일본 도쿄는 강이 많은 지형인 데다가 태풍이 자주 찾아와
홍수에 취약하다. 이러한 이유로 일본은 수도권 일대의 홍수를 막기 위해
'수도권외곽방수로'를 포함한 20여 개의 유수지와 박스형 저류시설,
3곳의 지하터널식 저류시설을 갖추고 있다.
(아래) 도쿄의 저수시설 부지면적당 저류량을 보았을 때, 절대적 용량 면에서
지하 저류조의 저장용량이 유수지보다 훨씬 높아 효과적이라는 것을 알 수 있다.

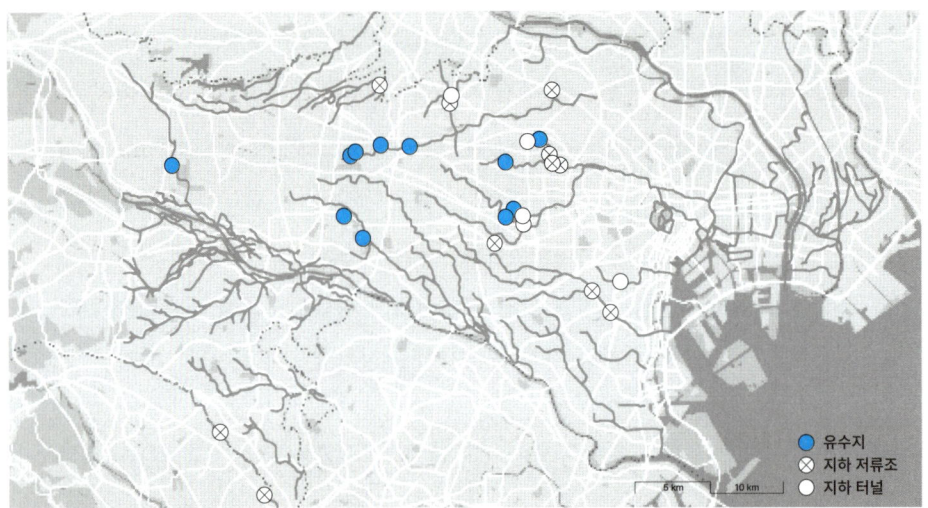

도쿄의 저수시설 유형별 위치

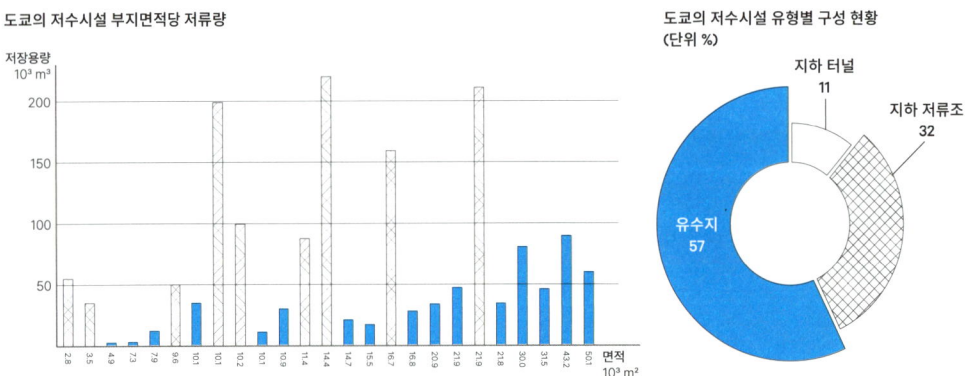

도쿄의 저수시설 부지면적당 저류량

도쿄의 저수시설 유형별 구성 현황
(단위 %)

(출처: 영국 물리학 학술지 논문 「IOP Conference Series: Earth and Environmental Science」)

식으로 가동된다. 방수로를 설치하기 전인 1933년 8월에는 폭우로 가옥 3,117채가 침수되었지만, 설치 이후인 2004년 10월에는 비슷한 양의 폭우로 피해를 본 곳이 46채뿐이었을 정도로 확연한 효과를 보았다고 한다.

또 하나 스미다강과 아라카와강도 일본의 치수 정책을 보여 주는 대표적인 사례이다. 스미다강은 도쿄 남동부를 흐르는 길이 23.5km의 강으로, 발원지인 아라카와강의 서쪽에 위치한다. 아라카와강은 173km의 길이로 일본에서 강폭이 가장 넓으며 수도의 중심을 흐른다는 점에서 한강과 비슷한 위치에 있는 강이다. 하지만 두 강에는 사연이 깊은데, 현재 '스미다강'이라 불리는 강의 원래 이름은 '아라카와강'이었다. 스미다강(과거 '아라카와강')만으로는 도쿄의 침수 피해를 막기 어려웠기에, 인공의 강인 방수로를 만들어 수량을 줄였다. 1965년부터 이 방수로를 아라카와강이라 부르기로 하고, 원래의 아라카와강은 스미다강이라는 새로운 이름으로 부르게 됐다. 현재 스미다강 주변에는 한강과 달리 워터프런트에 들어선 건물이 많은데, 아라카와강 방수로를 통해 침수나 홍수의 위협을 낮출 수 있었기 때문이다. 하나의 강을 온전히 유지하기 위해 또 하나의 강을 만든 사례를 보며, 한강 역시 활용도를 높이고 서울에 도움이 되는 강으로 도약하기 위해서는 지하에서 수량을 컨트롤하는 두 번째 강이 필요하다고 생각한다.

축구장 2개가 족히 들어가는 거대한 규모로 '지하 신전'이라는 별명이 붙은
도쿄 수도권외곽방수로의 모습. 왼쪽은 저류시설, 오른쪽은 터널의 모습이다.
(출처: 일본 국토교통성 에도강 하천 사무소)

2022년 강남역 일대가 기록적인 폭우로 침수됐을 당시 차량 위에 앉아 구조를 기다리던 남성의 모습이 당시 누리꾼들 사이에서 크게 회자됐다. (출처: 온라인 커뮤니티)

도쿄 남동부를 흐르는 스미다강의 모습. 원래의 이름은 '아라카와강'이었으나,
인공의 방수로(현재의 '아라카와강')가 생기며 '스미다강'으로 이름이 바뀌었다.
(출처: 위키미디어커먼스)

다니엘 베르누이가 유도한 이 정리에 따르면, 수평면에 놓인 도관의 단면적이 줄어들수록 유속은 증가한다. 강폭을 줄이되 베르누이 정리에 따라 강의 깊이를 더 깊게 파면, 기존 한강의 속력과 비슷하게 흐르면서도 수위가 낮아져 홍수를 방지할 수 있다.

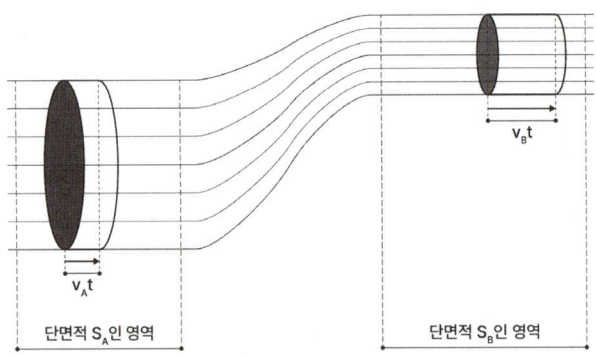

$$p \cdot S_A \cdot v_A t = p \cdot S_B \cdot v_B t \longrightarrow \frac{S_A}{S_B} = \frac{v_B t}{v_A t}$$

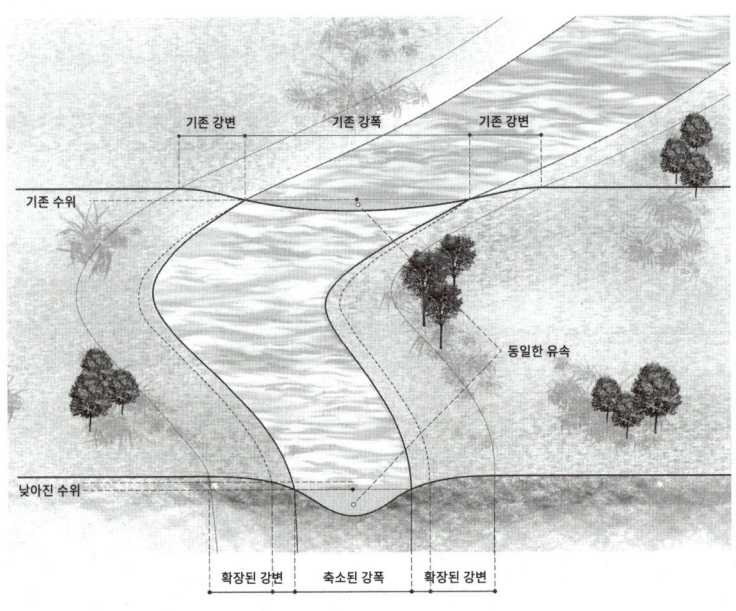

한강 폭을 줄이는 이유

나는 도시의 물 스트레스를 낮추고 한강의 체질을 개선하는 전략으로 마케마케 프로젝트를 고안했다. 마케마케 프로젝트는 서울의 계절별 강수량의 편차를 활용해 물 활용도를 끌어올리는 시스템이다. 다시 말해서 거대한 파이프 시스템과 지하탱크 등의 '하드웨어'만 건축하는 것이 아니라 기후와 지역, 도시 특성에 맞추어 물을 관리하는 '소프트웨어'를 코딩하는 것에 가깝다. 이러한 시스템이 실현 가능하다면 서울뿐만 아니라 강을 끼고 있는 다른 중소도시에서도 충분히 적용할 수 있을 것이다. 다만 이번 책은 마케마케 프로젝트의 신호탄으로서 서울에 한정해 구상의 정확도를 높이는 데 집중했다.

마케마케 프로젝트의 청사진은 미래가 아닌 과거에 있다. 다시 말해서 한강을 새로운 모습으로 바꾸는 것이 아니라 복원하는 것에 가깝다. 불과 60년 전만 해도 한강 광나루 유원지에서는 지금으로서는 상상할 수 없는 장면이 펼쳐졌다. 사람들은 넓고 부드러운 모래사장 위에 알록달록한 파라솔을 꽂고 누웠다. 몸이 달궈지면 바로 앞에 펼쳐진 맑은 한강물에 몸을 던져 강수욕을 즐기기도 했다. 서울의 여름이면 시민들이 즐겨 찾는 강수욕장의 모습이었다. 겨울에는 시민들이 얼음 위에 자리를 펴고 낚시를 즐겼고 날을 벼린 스케이트를 타고 강 위를 내달렸다. 1980년대 한강종합개발사업이 본격적으로 시행되기 이전의 한강은 지금보다 폭이 좁았고, 강변의 공간이 도심의 여백으로 기능했으며 서울 전역에는 도시 침수를 막기 위해 설치한 저류지와 유수지가 존재하지만, 그 양은 턱없이 부족한 실정이다. 최소치로 잡아 보았을 때에도, A형 탱크(100,000톤) 14개, B형 탱크(50,000톤) 37개, C형 탱크(16,000톤) 78개가 더 필요하다.

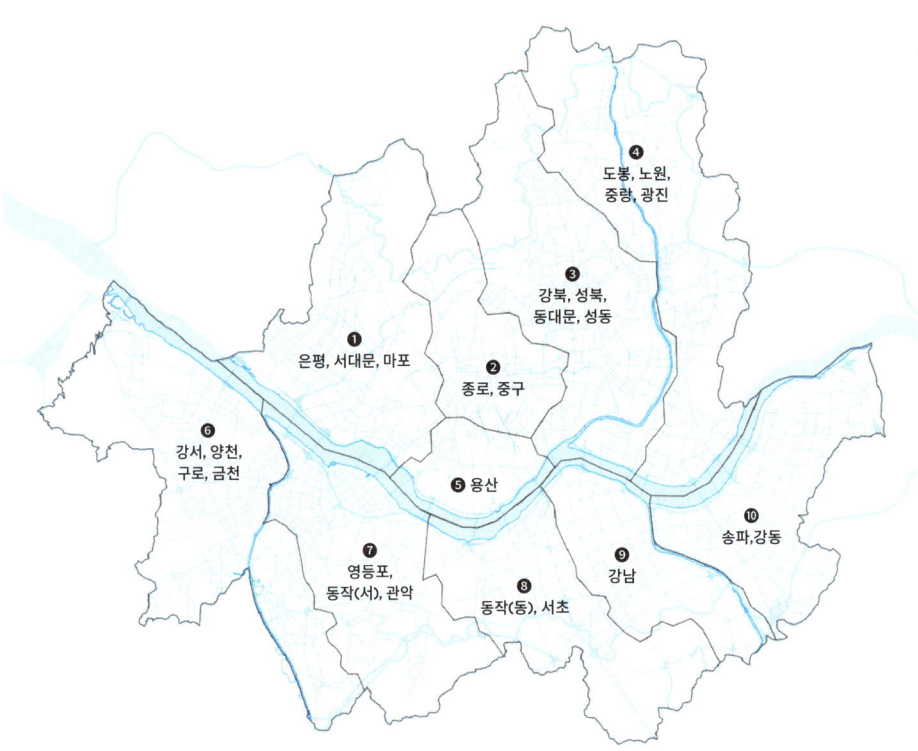

❶ 은평, 서대문, 마포
면적 71.18km²
N/A

❷ 종로, 중구
면적 33.9km²
필요저수용량 251,400t
B형 탱크 3개
C형 탱크 7개 필요

❸ 강북, 성북, 동대문, 성동
면적 79.24km²
필요저수용량 392,950t
A형 탱크 1개
B형 탱크 4개
C형 탱크 6개 필요

❹ 도봉, 노원, 중랑, 광진
면적 91.81km²
필요저수용량 809,600t
A형 탱크 3개
B형 탱크 6개
C형 탱크 14개 필요

❺ 용산
면적 21.87km²
필요저수용량 207,579t
B형 탱크 3개
C형 탱크 4개 필요

❻ 강서, 양천, 구로, 금천
면적 91.95km²
N/A

❼ 영등포, 동작(서), 관악
면적 62.3km²
필요저수용량 881,200t
A형 탱크 3개
B형 탱크 7개
C형 탱크 15개 필요

❽ 동작(동), 서초
면적 55.07km²
필요저수용량 1,111,000t
A형 탱크 5개
B형 탱크 8개
C형 탱크 14개 필요

❾ 강남
면적 39.49km²
필요저수용량 660,000t
A형 탱크 2개
B형 탱크 5개 필요
C형 탱크 14개 필요

❿ 송파, 강동
면적 58.43km²
필요저수용량 105,000t
B형 탱크 1개
C형 탱크 4개 필요

최소			
A형 탱크	**14개**	더 필요
B형 탱크	**37개**	더 필요
C형 탱크	**78개**	더 필요

더 많은 사람들이 한강에서 다양한 여가를 즐길 수 있었다. 한강에 인공적인 제방과 강둑이 만들어진 것은 비가 오면 쉽게 침수가 일어나는 악천이었기 때문이다. 마케마케 프로젝트의 목표는 한강의 폭을 원래대로 줄이되, 기존의 제방 시스템을 강 하부로 내려 지금보다 효과적으로 작동시키는 것이다. 결과적으로 한강의 모습을 되돌림으로써 서울 시민들의 여유와 낭만을 되찾고, 동시에 한강을 필두로 서울의 수자원 시스템을 지속 가능하게 바꾸는 것을 제안한다.

'한강 다이어트'로서 마케마케 시스템의 골자는 한강의 폭을 줄이는 것에서 시작한다. 한강은 폭에 비해 수위가 매우 낮아서 침수가 잘 일어난다. 이에 한강의 폭을 줄이고 강을 더 깊게 준설하여 한강이라는 물그릇을 바꾸고자 한다. 움푹한 모양의 접시가 얕은 접시에 비해 더 많은 양의 물을 담는 것을 떠올리면 된다. 한강의 폭을 약 1,200m라 하면 양쪽으로 300m씩 폭을 줄인다. 베르누이 정리에 따라 한강 물의 속력을 기존과 비슷하게 맞추기 위해서 강의 깊이를 더욱 깊게 판다.

한강은 본래 다른 하천에 비해 팔당댐으로부터 많은 양의 물을 받아서 흐른다. 극한 강우가 오면 팔당댐 방류량이 많아지고 한강의 수위가 높아지며 서울 곳곳이 침수된다. 배수 시스템은 불어난 홍수를 감당하지 못하는 수준까지 이르게 된다. 물론 지금도 서울 전역에는 도시 침수를 막기 위해 설치한 저류지와 유수지가 존재한다. 하지만 그 양이 턱없이 부족한 실정이다. 전체 저류지와 유수지를 인접 지역끼리 묶어

**마케마케 프로젝트는 한강과 팔당댐을 거대한 파이프로 연결하고,
서울 둘레길을 따라 설치한 링로드 하부의 지하탱크로 물을 빼낸다.**

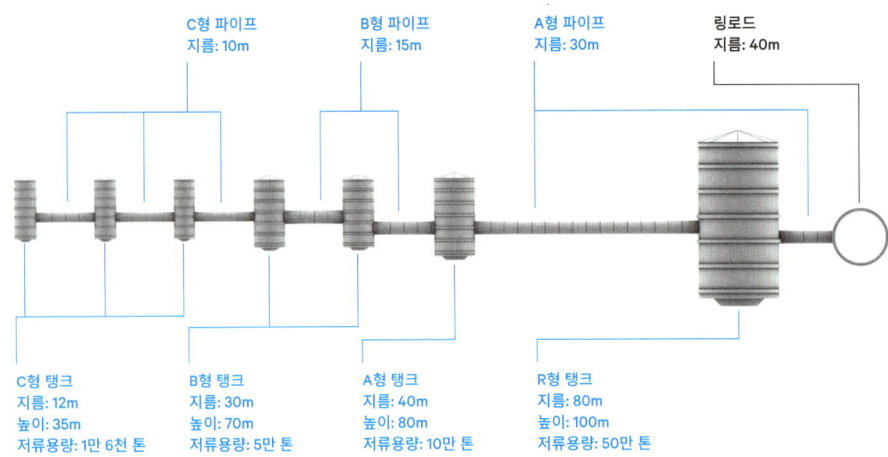

C형 파이프
지름: 10m

B형 파이프
지름: 15m

A형 파이프
지름: 30m

링로드
지름: 40m

C형 탱크
지름: 12m
높이: 35m
저류용량: 1만 6천 톤

B형 탱크
지름: 30m
높이: 70m
저류용량: 5만 톤

A형 탱크
지름: 40m
높이: 80m
저류용량: 10만 톤

R형 탱크
지름: 80m
높이: 100m
저류용량: 50만 톤

10곳으로 나눴을 때 극한 강우에 충분히 대응할 수 있는 곳은 단 2곳뿐이었으며 나머지 7곳은 최소 10만 톤에서 최대 100만 톤까지 저장 공간이 모자라다. 이는 현재까지 서울 배수 시스템의 시나리오였다. 이러한 고질적 문제를 해결하기 위해 마케마케 프로젝트는 한강과 팔당댐을 거대한 파이프로 연결하고, 서울 둘레길을 따라 설치한 링로드(Ring road) 하부로 물을 빼낸다. 한강을 하나의 튜브라 상정했을 때 일정 간격으로 구멍을 뚫어 파이프를 연결한 다음 지하탱크로 물을 빼내는 것이다. 지하탱크는 지역에 물이 고이는 정도에 따라서 지름이 최소 12m에서 최대 80m의 크기로 다양하며 약 500개 이상 배치할 예정이다.

홍수가 발생하는 주요한 상황을 꼽자면, 첫 번째 빗물펌프장과 하천의 수용량이 이미 가득 차 우수로 높아진 한강 물을 방류할 수 없을 때, 두 번째로 하수관의 수용량에 비해 우수가 많을 때이다. 이에 마케마케 프로젝트는 2022년 8월 서울 지역의 시간당 최대 강우량을 기준으로 하루 평균 6시간 동안 비가 온다고 가정했을 시, 각 구의 홍수 체적에 따라 A형(10만 톤), B형(5만 톤), C형(1만 6천 톤) 세 종류의 지하탱크와 A형(지름 30m), B형(지름 15m), C형(지름 10m) 세 종류의 파이프를 설치한다. 예를 들어 강남구의 경우, 시간당 최대 강우량은 14만 6천 톤이고, 우수 수용 체적은 21만 6천 톤이다. 6시간 내리 비가 내린다고 가정할 시 총 66만 톤의 우수 수용 체적이 필요한 것이다. 즉, 강남구에는 A형의 지하탱크 2개와 B형의 지하탱크 5개, C형 지하탱크 14개를 배치할 수 있다. 만약 해당 지역이 침수 위험이 높은 곳이라면, 필요에 따라 지하탱크와 파이프를 추가할 수 있다.

댐의 목적에 따른 분류

댐이란 하천의 물을 조절하기 위해서 인공적으로 저수지를 만드는 구조물을 말한다. 1가지 목적으로만 사용하면 단일목적댐이라 부르고, 2가지 이상의 목적으로 사용하면 다목적댐(ex. 소양강댐)이라 부른다. 다음은 댐의 목적에 따른 분류이다.

- 단일목적댐: 어떤 1가지 목적에 이용되는 댐으로 생활용수, 공업용수, 농업용수, 환경개선용수를 공급하기 위한 생공용수댐과 농업용수댐, 환경용수댐이 있다.
- 홍수조절댐: 홍수 조절을 주목적으로 지은 댐(ex. 평화의 댐)
- 수력발전댐: 전기에너지를 생산하는 댐 (ex. 팔당댐)
- 주운댐: 선박이 수위차를 극복할 수 있도록 갑문 시설이 갖추어진 댐
- 갈수대책댐: 이상갈수 시 갈수대책 용량을 확보하기 위한 댐. 최소의 생활용수, 도시용수를 공급하기 위한 저수용량을 확보하여 사회적 혼란을 방지하는 댐
- 사방댐: 산지나 계곡에서 유출되는 토사와 자갈을 저류시키기 위하여 설치하는 댐
- 저사댐: 댐 유역으로부터의 토사 및 탁질 유입을 차단하기 위해 댐 유역에 설치하는 댐

출처: 한국대댐회

물관리를 위한 구조물

- 보: 농경지 주변 하천에 얕은 둑을 쌓아 둑 위쪽에 물을 일정량 고이게 해주는 시설로 갈수기 농업용수를 공급하기 위한 목적의 시설
- 수중보: 하천이나 강의 수위를 일정하게 맞추기 위해서 물속에 잠기도록 설치하는 보(ex.신곡수중보)
- 제방(둑): 하천이나 해안, 호수나 늪의 물을 일정한 유로 내로 제한해서 범람을 방지하고, 폭풍·해일이나 파도로부터 해안·항만을 보호하기 위해 토사 등을 쌓아 조성한 토목 구조물
- 하구둑: 하구역에서 필요한 양질의 수자원을 확보하고 홍수 범람의 피해를 줄이며 하구에 발달한 간석지를 개발하기 위하여 설치하는 하천부속물
- 유수지: 홍수 시 저지대 침수 방지를 위하여 평상시에는 비워 두었다가 집중강우 시 일시 저류한 후 하천으로 배수하는 시설

출처: 국토교통부

수력발전댐이 모아 두었던 강물을 방류하는 모습

서울을 한 바퀴 휘감는 서울둘레길 지도. 서울둘레길은 서울의 역사, 문화, 자연생태 등을 스토리로 엮어 국내외 탐방객들이 느끼고, 배우고, 체험할 수 있도록 조성된 도보길이다. 대중교통으로도 접근하기 쉬우며 경사가 심하지 않은 흙길로 되어 있다.

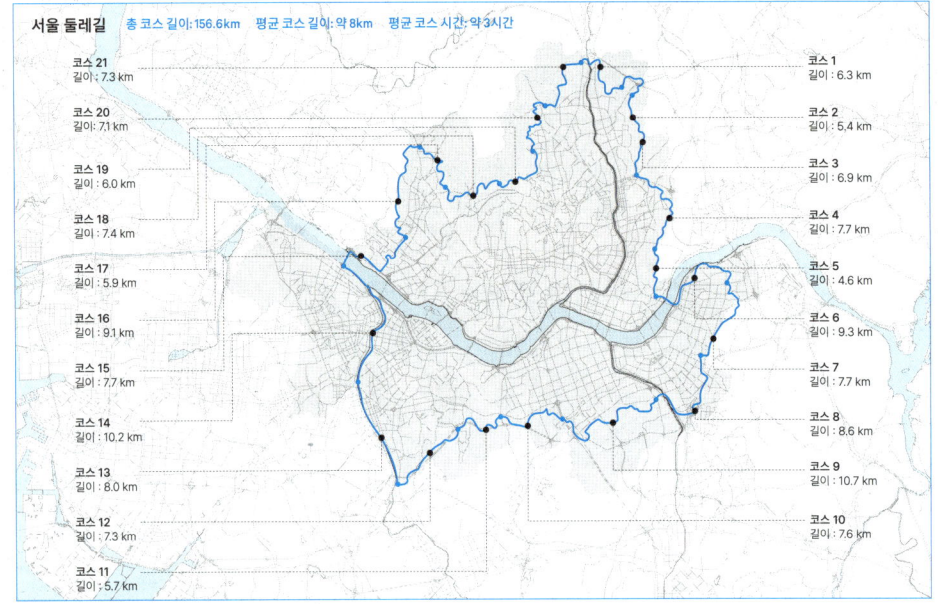

물론 구별로 파이프와 탱크를 추가 설치하기에 앞서
보다 근본적인 방법이 필요하다. 마케마케 프로젝트는 한강의
수량을 줄이기 위한 근본적인 방법의 하나로 팔당댐에서 두 줄기로
물을 뺄 것을 제안한다. 이 두 갈래의 파이프는 서울의 둘레길을
따라 북쪽으로 89.2km, 남쪽으로 72.4km 길이의 지하 매설
링로드로 만든다. 링로드 아래 매설한 지하탱크에 우수와 한강
물을 빼내어 한강의 수량을 절반까지 줄이는 것이 목표다. 한편,
폭우로 지하탱크에 물이 가득 차면 물의 일부를 링로드 외부의
한강 수중보로 빼내 한강 수량을 일정하게 유지한다. 팔당댐에서
출발한 링로드는 여러 탱크를 거쳐 각각 시화호와 신곡유수지
부근에 도착한다. 링로드는 팔당댐(높이 23m), 신곡수중보(높이
0.5m), 시화호(높이 0m) 사이의 지형적 높이차로 인해 외부
동력원이 없어도 물이 순환할 수 있도록 설계할 예정이다.
　　이렇게 빼낸 물은 링로드 아래 지하탱크에 저장한 후
정수 과정을 거쳐 중수로 활용한다. 다만 최종 배수 시스템의
종착점을 한강으로 두는 것이 아니라, 물이 링로드 내로
계속 순환할 수 있도록 유도한다. 서울 곳곳에 설치할 지하탱크와
파이프는 극한 강우를 대비했던 기존의 유수지, 저류지를 도와
순간저수용량을 높일 수 있을 것이다. 집수한 물은 링로드 아래

물의 종류

- 상수: 음료수, 조리용에 사용하는 물로 지표수를 채수하여 정수 과정을 거친 물
- 잡용수: 청소용, 살수용, 변기 세척용, 냉방용 등 위생상 별 지장이 없는 곳에 사용하는 물로 주로 지하수를 많이 활용
- 중수: 사용한 물을 회수하여 재생한 뒤 사용하는 물로 음료수와 같은 수질이 요구되지 않는다. 살수, 세차 및 변기 세척용으로 이용한다.

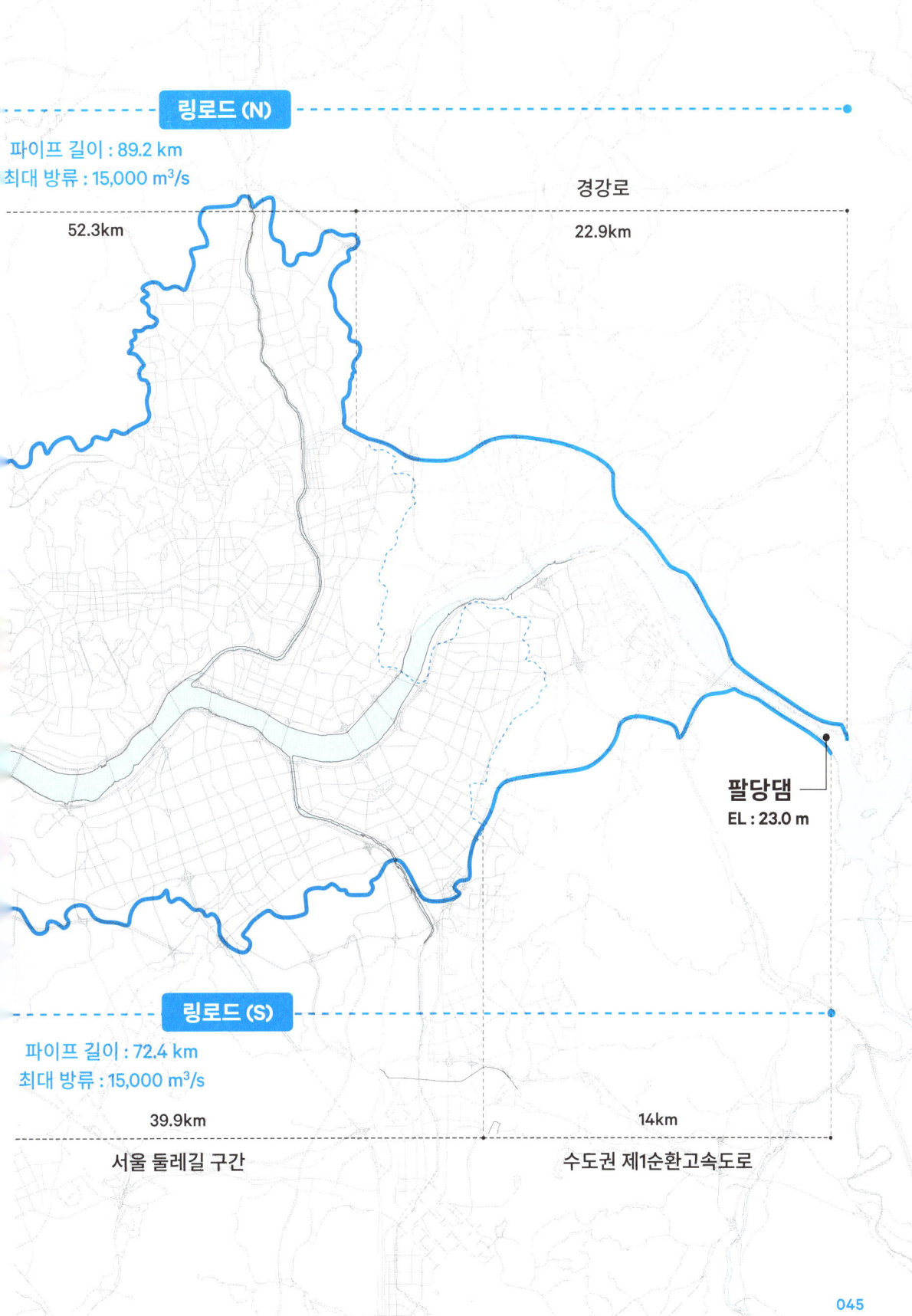

도쿄 수도권외곽방수로를 설치하기 전인 1933년 8월에는 폭우로 3,117채 가옥이 침수되었지만, 설치 이후인 2004년 10월에는 비슷한 양의 폭우로 피해를 본 곳은 46채뿐이었다. 서울에 링로드가 매설되고 마케마케 시스템이 작동하면 현재 서울의 침수 지역이 확연히 줄어들 것이다.

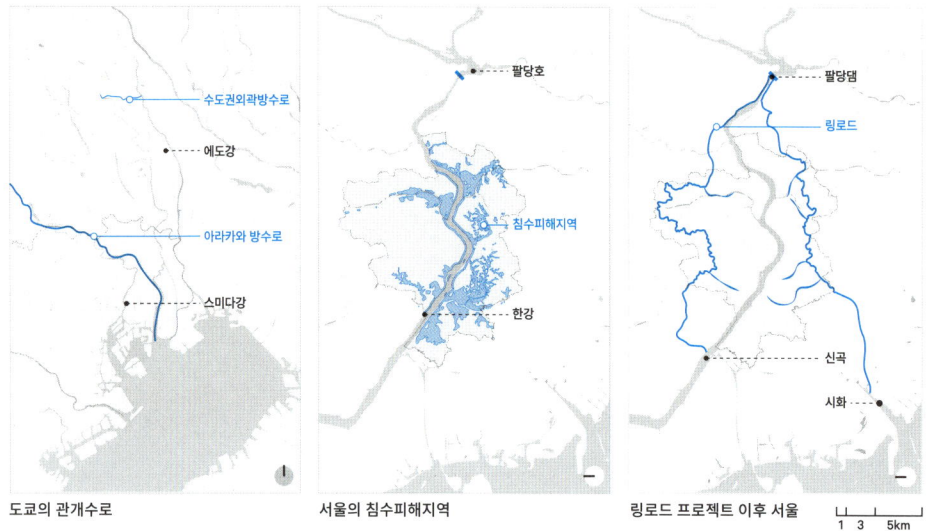

도쿄의 관개수로　　　　서울의 침수피해지역　　　　링로드 프로젝트 이후 서울

물 탱크에 저장 후 시화호와 신곡유수지까지 독자적인 루트를 이용해 빼낸다. 이러한 배수 과정에서 우수 및 강물은 지하탱크 간의 계단식 낙차를 활용하여 수력발전으로 이용할 수 있다.

지하탱크에 저장한 물은 각 정수 단계에 따라 5가지로 분류하는 작업을 거친다. 물의 정화 단계에 따라서 하천유지용수, 세차청소용수, 화장실세정용수, 살수용수^{도로청소, 건설공사 등지에 사용}, 농업용수, 조경용수, 소방용수 등으로 모아 둔 물을 재이용할 수 있다. 궁극적으로 에너지 소비를 최소화하는 제로 에너지 시스템을 목표로 한다. 이 프로젝트가 적절히 가동되는 시점이 도래하면, 서울시의 상수 대비 중수 재사용량을 기존 0.67%에서 43%까지 끌어올릴 수 있을 것이다.

'한강 다이어트' 방안으로서 마케마케 시스템은 물을 모아서 적재적소에 활용하는 방안에서 나아가 서울 곳곳에 200m~2,600m 지름의 에코돔(Ecodome)을 설치하는 계획까지 포함한다. 돔에 관한 내용은 Chapter 3에서 더 자세히 다루기로 하자. 이러한 아이디어는 30년 뒤 서울의 환경을 예측한 시나리오를 바탕으로 한 것이며, 에코돔 안에서 저장수를 재활용하며 일부를 전기분해해 수소는 에너지원으로, 산소는 실내의 청정 공기로 활용할 계획이다. 에코돔 1채에는 하루에 2,963m^3의 액체수소 소모를 감당할 수 있는 약 6,000m^3 용량의 수소탱크, 하루에 1,823m^3의 액체산소 생산량을 저장할 수 있는 약 4,000m^3 용량의 산소탱크, 그리고 일일 6만 961톤의 물 사용량을 감당할 수 있는 약 18만 톤 규모의 물탱크가 필요하다.

중세 로마인을 살린 거대한 지하 수조

도심에 거대한 크기의 물탱크를 어떻게 둘 수 있는지에 대한 의문이 들지도 모르겠다. 하지만 현존하는 기술로 충분한 발상이다. 왜냐하면 중세 로마에서도 가능한 일이었기 때문이다. 이스탄불의 지하 저수조 바실리카 저수조는 비잔틴 황제 유스티니아누스 1세의 통치 기간인 6세기에 지어졌다. 이스탄불에서 가장 큰 규모를 자랑하는 고대 유적지 중 하나다. 그 크기는 가로 138m, 세로 65m로, 8만m^3의 물을 채울 수 있는데, 당시 시대상으로 볼 때도 굉장한 규모였을 것이다. 천장은 높이가 9m인 336개의 대리석 기둥이 지탱하고 있는데, 각각 5m 간격으로 28개의 기둥이 12줄로 배열된 형태이다. 이 거대한 지하 저수조는 비잔틴 시대 때 궁전에 물을 공급하기 위해, 콘스탄티노플의 스토아 대성당 대규모 광장 아래 지어졌다. 저수조로부터 100km 밖에 있는 수원에서 높은 수로로 물을 끌어와 저장했기 때문에 전시나 가뭄 상태에서도 3개월 정도는 물을 자유롭게 사용할 수 있었다고 한다. 도시가 악조건에 처했을 때 가장 중요한 물 공급을 원활히 확보한다는 점에서 바실리카 저수조는 도시 성장에 유용한 시스템이었을 것이다. 이러한 역사적 배경뿐만 아니라 웅장한 자태를 보기 위해 지금도 수많은 사람이 바실리카 저수조를 찾는다.

전시나 가뭄 상태에서도 물을 자유롭게 사용할 수 있도록 설계되어 도시 성장을 견인했던 이스탄불의 바실리카 저수조의 모습

전 세계에서 발생한 재해 중 '기후, 기상과 물 관련 재해'의 비율은 79%에 달한다. 세계 주요국은 기후변화와 극한 강수를 대비하기 위해 댐, 지하탱크 등을 신축하거나 리모델링해 하천의 물그릇을 키우는 일에 집중하고 있다.

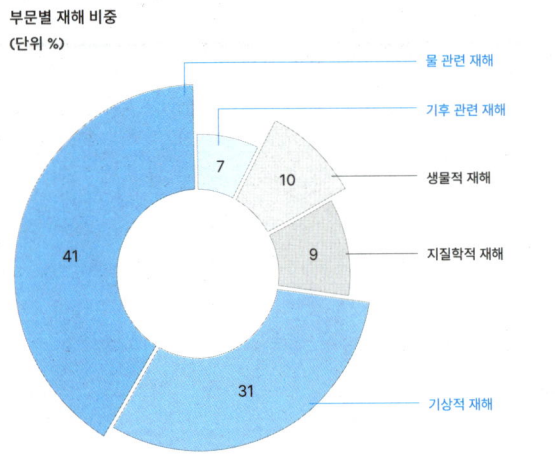

부문별 재해 비중
(단위 %)

- 물 관련 재해: 41
- 기후 관련 재해: 7
- 생물적 재해: 10
- 지질학적 재해: 9
- 기상적 재해: 31

전 세계 재해 중 기후, 기상, 물 관련 재해 발생 건수
79%

국제대형댐위원회(ICOLD)에 등록된 전 세계 도시 댐의 개수
61988개

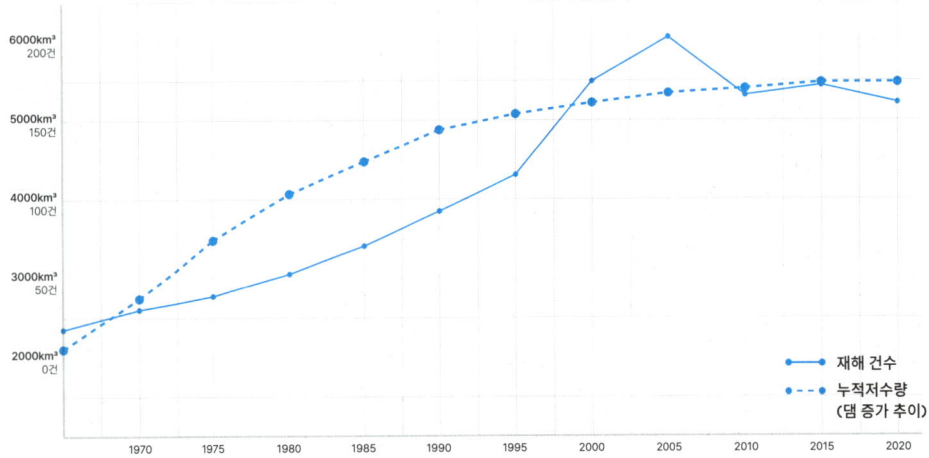

세계 도시 물 관련 재해와 댐 증가 추이

— 재해 건수
--- 누적저수량 (댐 증가 추이)

장마철 한강이 범람하여 잠긴 잠수교의 모습

전 세계에서 발생하는 재해 중 가장 큰 피해를 일으키는 것은 '기후, 기상과 물 관련 재해'다. 세계기상기구(World Meteorological Organization, WMO)에 따르면 최근 50년간(1970~2019년) 전 세계에서 발생한 재해 중 '기후, 기상과 물 관련 재해'는 발생 건수 기준 79%, 사망자 56%, 피해액 75%를 차지했다. 특히 아시아의 피해가 크다. 아시아의 피해 규모는 전 세계 관련 재해 대비 31%를 차지한다. 위에서 언급했듯 세계 주요국은 기후변화와 극한 강수를 대비하기 위해 치수 사업에 총력을 기울이는 중이다. 전 세계 도시는 댐이나 지하탱크 등을 신축하거나 리모델링해 하천의 물그릇을 키우는 것에 집중하고 있다. 마케마케 프로젝트는 이러한 전 세계적인 노력의 연장선인 동시에, 서울의 지형과 생활 환경을 반영한 독창적인 치수 프로젝트가 될 수 있을 것이다.

CHAPTER 2 늘리기

물 스트레스와 한강의 폭을 줄이는 대신
우리는 무엇을 늘릴 수 있을까?
지금부터 '늘리기' 부분에서 이야기할 것은
인류가 강의 효율적인 활용 방안을 모색해 온
역사에 대한 것이다.
로마, 런던, 파리 등 세계의 유수 도시들은
강을 넓히거나 늘려 범람을 대비하고,
수변지역을 정비하고, 하수도를 정비함으로써
시민들의 삶의 질을 높이려 애쓰고 있다.
이러한 도시의 역사로부터 마케마케 프로젝트가
가져올 여러 긍정적 결과들에 대해서
미리 예견해 본다.

인간을 이롭게 하는 물줄기

강이라는 글자에 대해 먼저 짚고 넘어가자. 강은 넓고 길게 흐르는 물줄기를 뜻한다. 이를 지칭하는 한자어는 꽤 많다. 물 수(水), 내 천(川), 큰 내 강(江), 강 하(河) 등등. 여기서 1가지 재미있는 사실은 고려시대까지 살수(薩水), 패수(浿水) 등의 단어가 많이 사용된 반면 현대에 들어 대다수의 강에는 한강처럼 대개 '~강'이란 이름이 붙었다는 것이다. 강은 물 수(水) 변에 장인 공(工) 자가 합쳐진 한자어다. 이를 해석해서 읽으면 '사람이 만든 물줄기'다. 자연 그대로의 물줄기는 물 수, 내 천을 사용해 칭하는 반면, 제방이나 둑 등 인공적 조치를 해 사람에게 이롭게 만든 물줄기는 강이라 칭하는 것이다. 그래서 동시대에는 천이나 수보다 강이라는 단어를 주로 사용한다.

강은 예로부터 식수, 농사, 운송, 교통 등 인간을 위한 핵심적인 기능을 담당했다. 강을 따라서 사람이 다닐 수 있는 길이 났다. 강을 횡단하는 기술이 발명될 때까지 꽤 오랜 시간이 걸렸기 때문이다. 강은 육지 위를 흐르면서 인간뿐 아니라 동식물에 필요한 수분을 공급했다. 이에 강 주변으로 곡물 경작이 활발히 일어났고, 먹을 것이 많으니 사람들은 자연스럽게 강 주변에 생활 터전을 잡았으며, 군집 생활을 하는 인간들로부터 다양한 문화가 태동할 수 있었다. 강은 한 지역의 정체성을 부여하는 가장 중요한 요소다. 강과 가까이에 사는 사람들뿐 아니라 주변 지역 일대에 사는 사람들은 모두 강을 자신의 지역을 특징짓는 주요 요소로 인식하게 된다. 따라서, 하나의 강 주변 지역은 동일한 지역적 정체성을 가진 지역공동체를 이루게 되는 것이다. 결과적으로 강이라는 글자에는 '인간을 이롭게 한다'는 뜻이 들어 있다.

이탈리아 화가 루이지 로시니가 1823년에 그린 로마 수도교의 모습. 당시 사람이 만든 것이 아닐 것이라며 '악마의 다리'라고 부르는 이들도 있었다. (출처: 위키미디어커먼스)

전 세계 도시의 강을 다루는 방식들: 로마, 런던, 파리

세계 주요 문명은 큰 강 유역에서 태동했다. 중국 황하강은 황하 문명을, 이집트 나일강은 이집트 문명을, 티그리스강과 유프라테스강은 메소포타미아 문명을, 인더스강과 갠지스강은 인더스 문명을, 안데스 연안은 잉카 제국 등을 견인했다.

그중 몇 가지 사례를 짚어 보자. 기원전 460년 그리스의 역사가 헤로도토스가 "이집트는 나일강의 선물"이라 했듯, 나일강은 국가를 부강하게 만든 가장 큰 요인이었다. 고대 이집트는 비가 거의 오지 않는 사막이었기 때문에 오로지 나일강으로부터 물을 공급받을 수 있었으며, 강의 범람에 의해 만들어진 삼각주는 비옥한 곡창 지대 역할을 했다. 다른 큰 강들과 달리 나일강은 일정한 주기로 범람하는 특징이 있었는데, 이를 예측한 이집트인들은 농사의 파종과 수확 주기를 일정하게 맞추어 작물을 성공적으로 거두어들일 수 있었다. 또한 이들은 수리(水利) 기술을 이용해 돌과 진흙으로 만든 댐에 물을 가두어 농사에 활용하기도 했다.

반면 물로 인해 찬란한 문명이 스러진 사례도 있었다. 메소포타미아 문명과 중남미 지역의 마야 문명을 멸망시킨 것은 가뭄으로 인한 물 부족 문제였다. 한편 인더스 문명은 도로망과 상하수도시설을 철저하게 갖추었으나 치수에 실패해 쇠락할 수밖에 없었다. 가뭄은 생명의 근원인 마실 물을 앗아 갔으며 이외에도 식량 부족, 각종 질병 창궐의 원인이 됐다. 또한 미처 대비하지 못한 강의 범람은 농토의 대부분을 폐허로 만들기도 했다.

모래, 흙 등의 불순물을 걸러내기 위해 고대 로마인들은 수로
중간에 침사지를 설치하기도 했다. 물보다 비중이 큰 모래가 중력으로
인해 바닥에 가라앉는 원리를 이용했으며, 가라앉은 모래는 별도의
배출구를 통해 배출하였다.

i. 로마 사례

전 세계적으로 2000년 넘게 패권을 장악했던 고대 로마. 그들의 원동력은 강을 활용하는 수도시설에 있었다. 원래 로마는 물이 풍족하지 않았다. 건기 때마다 가르강 등 로마 주요 강의 수량이 급격히 줄었기 때문이다. 이에 로마인들은 용수 부족을 해결하기 위해 먼 곳에 있는 수원지로부터 물을 끌어오는 수로와 수도교를 건설하기에 이르렀다. 기원전 312년 최초의 수로인 아쿠아 아피아가 건설됐고, 서기 226년까지 5세기 동안 총 11개의 수로가 개발됐다. 수로의 전체를 연결하면 산티아고 순례길에 달하는 길이인 800km로 굉장히 긴 편이라고 할 수 있다. 로마인들은 당시 건축학과 유체역학 지식을 총동원하여 벽돌을 마치 레고처럼 쌓아서 수도교를 축조했다. 세고비아 지역에 세워졌던 수도교를 목격한 세고비아인들은 접착제 없이 훌륭한 만듦새의 다리가 완공된 것을 보고 사람이 만든 것이 아닐 것이라며 '악마의 다리'라고 부르기도 했을 정도다.

세고비아의 수도교는 외곽의 프리오강에서부터 중심부까지 16km에 달하는 수로 중 교량 구간에 해당한다. 즉 16km의 송수관 중 728m가 아치형 다리에 설치돼 있다. 로마인들은 양쪽의 높은 언덕 사이에 교각을 설치해 거대한 협곡을 가로질러 용수를 효율적으로 이동시켰다.

거대한 협곡을 가로질러 물을 효율적으로 이동시키도록 설계된 세고비아 로마 수도교의 모습(길이는 728m이고, 최고 높이는 약 30m이다).

수도교에는 2만 400개의 화강암이 사용됐고, 시멘트나 꺾쇠 같은 접착부재 없이 정교한 조적 기술만으로 만들어졌다. 더욱이 물은 중력으로만 이동했는데, 이를 위해 수도교의 기울기는 1km당 평균 34cm(경사도는 평균 0.2~0.5%)를 넘지 않도록 미세하게 조정했다. 수도교를 통해 천천히 흐르는 물에는 낙엽 등의 불순물이 섞였기에 로마인들은 수로 중간에 침사지 흐르는 물을 가두어 두어 모래와 흙 따위가 가라앉도록 만들어 놓은 못를 설치하거나 수로에 지붕을 덮기도 했다.

   로마의 수로와 수도교를 통해 원활히 공급된 용수는 시내에 위치한 856개의 공공목욕탕과 1,352개의 분수에 쓰였다. 당시 공공목욕탕은 도시 내 시설 중 가장 큰 규모로 21세기의 스포츠클럽처럼 극장, 스타디움, 운동 시설 등을 갖춘 곳이었다. 이곳에서 로마인들은 종교, 철학, 문화, 사회 문제 등에 대해 토론하고 교류하며 로마의 굳건한 성장을 이어 갈 수 있었다. 한편 시민들은 마을의 가까운 급수장에서 자유롭게 물을 길어 사용할 수 있었다. 당시 로마 시민의 1인당 물 사용량은 약 180L였는데 오늘날 이탈리아의 1인당 물 사용량인 234L와 비교해 보아도 큰 차이가 없을 정도다. 로마는 상하수도 계획을 통해 도시의 위생 문제를 해결하여 각종 전염병을 예방할 수 있었고, 나아가 공공목욕탕에서 전쟁으로 인한 피로를 풀며 문화적 토대를 쌓을 수 있었다. 풍족한 수자원과 목욕 문화는 로마가 속주와 식민지를 아울러 총 3억의 인구를 통치하는 원동력이 됐다.

수로와 수도교를 통해 공급된 용수를 활용하였던 로마의 공공목욕탕.
극장, 스타디움, 운동 시설 등을 갖춘 이곳에서 로마인들은 자유롭게 토론하고
교류하였다. (출처: 위키미디어커먼스)

런던 템스강에는 총 34개의 교량이 설치되어 있는데, 모두 웨스트 런던에 존재한다. 교량이 적은 이스트 런던 쪽으로 갈수록 강을 건너기가 어려운데, 이는 이들 지역의 발전 정도가 불균형해지는 데 일조했다.

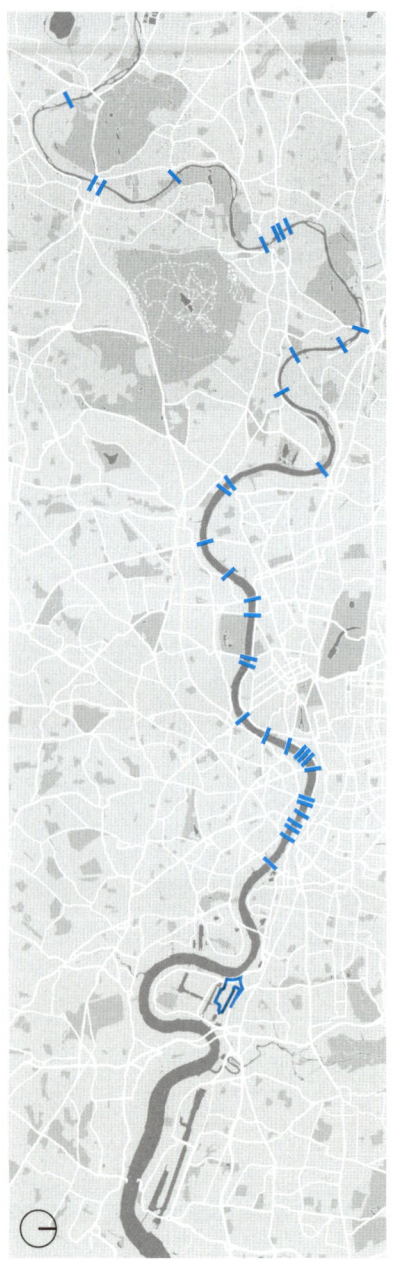

ii. 런던 사례

반면 도시의 변화에 맞춰 강을 발전시키지 않으면 도시 자체의 활기가 저하된다. 이런 면모를 가장 단적으로 보여 주는 사례로 런던의 사례가 있다. 런던 한복판에는 템스강이 흐르는데, 전체 길이는 346km로 상류 끝의 폭은 30m이며 하류는 8km까지 넓어진다. 그런데 이 강의 서쪽과 동쪽의 발전 정도는 매우 불균형하다. 이러한 격차를 가장 단적으로 드러내는 것은 템스강을 건널 수 있는 교량의 수다. 총 34개의 다리는 모두 웨스트 런던에 존재한다. 교량이 많은 웨스트 런던은 강폭이 좁을 뿐만 아니라 오래전부터 선박을 활용한 물자 운송을 효율적으로 하기 위해 강을 더 깊이 준설했다. 반면 교량이 적은 동쪽으로 갈수록 템스강을 건너는 일이 어려워진다. 역사적으로 보면 이스트 런던의 시민들은 웨스트 런던의 시민들보다 가난했고 교량 건설을 위해 세금을 지불할 능력도 부족했기 때문이다. 동시에 템스강의 남북을 건너지 못한다는 시민들의 불평들이 중요하게 여겨지지 않았다는 이야기도 있다.

다만 현대에 들어서 이스트 런던을 부흥시키기 위해 정책적 측면의 개발이 많이 이루어졌다. 대표적인 사례가 런던 동부의 커네리 워프(Canary Wharf)다. 이곳은 과거 항구로 이용되었다가 화물 컨테이너화에 적응하지 못하여 사실상 폐쇄된 것이나 다름없던 곳이다. 런던시는 이곳을 금융도시로 탈바꿈하기 위해 시티은행, HSBC 빌딩 등 대규모 금융회사를 입주시켰고, 영국 초고층 건물의 대다수가 이곳에 위치한다. 뒤에서 다시 언급할 예정이지만, 이스트 런던에는 세계 최대 규모를 자랑하는 밀레니엄 돔도 들어섰다. 공연과 전시 등의 문화행사를 위한 대형 돔 건축물이다. 이러한 정부의 노력에도 시민들은 커네리 워프에 거주하는 걸 꺼린다. 현대적이고 세련된 건축물이 많지만 사람들은 이야기와 역사가 살아 숨 쉬는 오래되고 삐걱이는 펍 같은 공간을 더 선호하기 때문이다. 정부 주도의 계획도시들이 쉽게 빠질 수 있는 함정이기도 하다. 금융회사에 출퇴근하는 사람들 역시 커네리 워프에 거주하지 않는다. 도시는 거주하는 사람들의 손길이 닿아야 지속 가능한 콘텐츠가 생기기 마련이다. 하드웨어만 잘 갖추어 놓는다고 해서 이러한 변화가 저절로 따라오진 않는다.

iii. 파리 사례

다음으로는 프랑스 파리의 빗물 저장 시스템을 살펴보려 한다. 200여 년 전만 해도 파리 하수도에 흐르는 물은 오물투성이었다. 로마 제국이 프랑스 파리까지 영역을 넓혔을 때 처음으로 개거식 하수도_{굴착면을 흙막이판이나 널말뚝으로 누르고 경사재·띠장·버팀대 등을 끼워서 지지하는 방식으로 만든 하수도}를 거리에 설치했다. 하수도의 개구부 상부가 개방된 형태였기 때문에 쓰레기와 오물로부터 쉽게 노출될 수밖에 없었다. 당시 사람들은 센강에 하수를 그대로 버렸고, 이로 인해 수인성 바이러스가 퍼지며 콜레라가 대유행했다. 프랑스는 이에 40년에 걸쳐 본격적인 하수도 건설에 착수했는데, 오수만 흘러갈 수 있게 하고 쓰레기는 버릴 수 없도록 만들었다. 그 결과 현재까지도 유용한 폭 6m, 높이 5m의 대하수도가 완공되었다. 이는 하수도 외에 상수도관, 압축공기관, 전기케이블 등 지하 매설물까지 수용할 수 있는 크기다.●

　　　　현재 파리의 물관리 시스템은 빗물을 모으는 데서 시작한다. 파리에 내린 비는 배수구를 통해 시 곳곳에 위치한 저수조에 저장되며 이는 터널과 수로를 통해 처리장으로 퍼진다. 시민들은 도시 전역에 위치한 방출구에서 나온 중수로 세차하거나 식물에 물을 주고, 분수에 사용한다. 2006년 프랑스 정부는 빗물 집수 시스템을 설치한 가정에 한해 국가적인 세제 지원 체제를 도입하며 시민들의 관심을 끌어올린 바 있다.
빗물 집수 시스템 정책의 도입 초반에는 물을 절약하고 수자원을 보호하는 전통적인 차원에 머물렀으나 점차 우수 관리(Stormwater Management)와 연계시켰다. 우수란 눈, 비 등 지구 표면으로 떨어지는 물을 가리키며, 바로 탱크에 저장할 수 있는 빗물과 차이가 있다.●

최근 영국 일간지『가디언』에 따르면, 파리 시장이 센 유역의 생루이섬, 서쪽 15구의 그흐넬르 다리, 동쪽 12구의 베르시 강변 3곳을 수영 가능 구역을 지정하고 2025년 개장하겠다고 발표한 바 있다. 센강은 1923년 이후 심각한 수질오염 문제를 겪고, 화물을 실어 나르는 바지선과 유람선이 오가는 위험에 노출된 곳이었다. 사람들이 수영할 수 있을 정도로 깨끗한 강물을 만들기 위해 프랑스 정부는 14억 유로(한화 약 2조 원) 규모를 투자했다. 하수 처리시설을 현대화하고, 폭우가 올 때 홍수가 나지 않도록 거대한 빗물 저장 탱크를 설치하고, 공업폐수와 생활폐수를 철저히 단속할 예정이다. 빗물 저장 탱크는 오스테를리츠 기차역 아래에 4천6백만L를 저장할 수 있는, 폭 50m, 깊이 34m의 규모로 만드는 중이다. 빗물이 모이면 센강 건너 하류 처리장으로 운반되고 이후 수질이 안전 기준치를 충족하면 다시 강으로 흘려보내는 방식이다. 물론 지난해 수질 검사에서 센강은 대장균 같은 수인성 박테리아 검출률이 수영하기에 안전한 수준으로 나타났으나, 강 표면에 떠다니는 쓰레기 등의 오염원이 완전히 사라진 상태는 아니다. 이에 피에르 라바당 파리시 스포츠 담당 부시장은 "(시민들이 수영하기 위해) 여전히 극복해야 할 장벽이 있다"고 했다.●

전 세계 각국이 물 부족 문제에 대처하여 중수의 활용 방안을 모색하는 가운데,
케냐의 한 학교에서 중수를 활용하고 있는 모습 (ⓒSuSanA Secretariat)

최근 파리시는 심각하게 오염되어 있던 센강의 수질을 관리하고, 수영 가능 구역을 별도 지정하여 2025년 개장하겠다고 발표했다. 이를 위해 14억 유로(한화 약 2조 원)를 투자한 프랑스 정부는 하수 처리 시설을 현대화하고, 빗물 저장 탱크를 설치하는 등 노력을 기울일 예정이다.

우리는 한강과 친하게 지냈을까

우리나라의 발전도 여타 세계 문명의 사례와 같이 한반도를 중심으로 흐르는 한강에서 비롯됐다. 한강은 선사시대부터 청동기시대까지 취락과 생활을 위한 터전이었다. 한강 유역에는 구석기시대부터 사람들이 살기 시작한 흔적이 전해 오나, 사람들이 정착하여 마을을 이룬 것은 신석기시대부터다. 취락이란 사람이 생계를 이어 가기 위해 필요한, 자연환경과 가옥시설물로 구성된 일정한 공간을 말한다. 민족지 자료를 토대로 취락의 규모를 분석한 연구에 따르면, 신석기시대 한강 주변에 출현한 취락 지역에는 약 150~200명의 사람이 모여 살았던 것으로 예측할 수 있다.●

청동기시대를 거쳐 삼국시대, 조선시대까지 한강은 부강한 나라를 위한 요충지였고 사람들의 삶의 터전이었다. 주기적으로 강이 범람해 생긴 충적 평야에서는 기름진 곡식이 재배됐고, 서쪽으로는 바다와 맞닿아 있어 지리상 군사적 요충지 역할도 해냈다. 한편, 조선을 건국한 이성계는 즉위 후 불과 16일 만에 한양 천도를 명했다. 그 이유는 첫째, 풍수지리설에 영향을 받은 바가 컸다. 즉 망국의 수도이며 쇠퇴한 땅인 개경을 하루라도 빨리 피해야 한다는 음양지리(풍수)적 사상에 영향을 받아서 천도를 서둘렀다는 지적이다. 둘째, 태조 이성계 자신이 왕위 획득을 위해 벌인 일들에 대한 가책을 떨쳐내고, 개성의 왕씨를 중심으로 한 구가세족의 반발에 대처하기 위해서였다. 이러한 정치적 정황은 태조 이성계로 하여금 천도에 대한 강한 의지를 갖게 만들었다. 셋째, 사방이 산으로 둘러싸여 있어 적을 막기에 유리하고, 국토의 중앙부에 위치해 한반도 전역을 통치하기에 적합하며, 무엇보다 한강을 끼고 있는 한양의 인문지리적 위치의 중요성을 들 수 있다. 한 왕조가 도읍지를 선택할 때 동서고금을 막론하고 우선 지리적인 위치를 고려함은 널리 알려진 사실이다. 특히 한강은 서울 한복판을 지나는 그 존재감만큼 지리적인 부분은 물론 사회적·심리적 영역에서 커다란 비중을 차지하는 존재였다. 하지만 이때까지는 한강의 물길을 인공적으로 바꾸거나 다른 요소를 더하지 않았다.

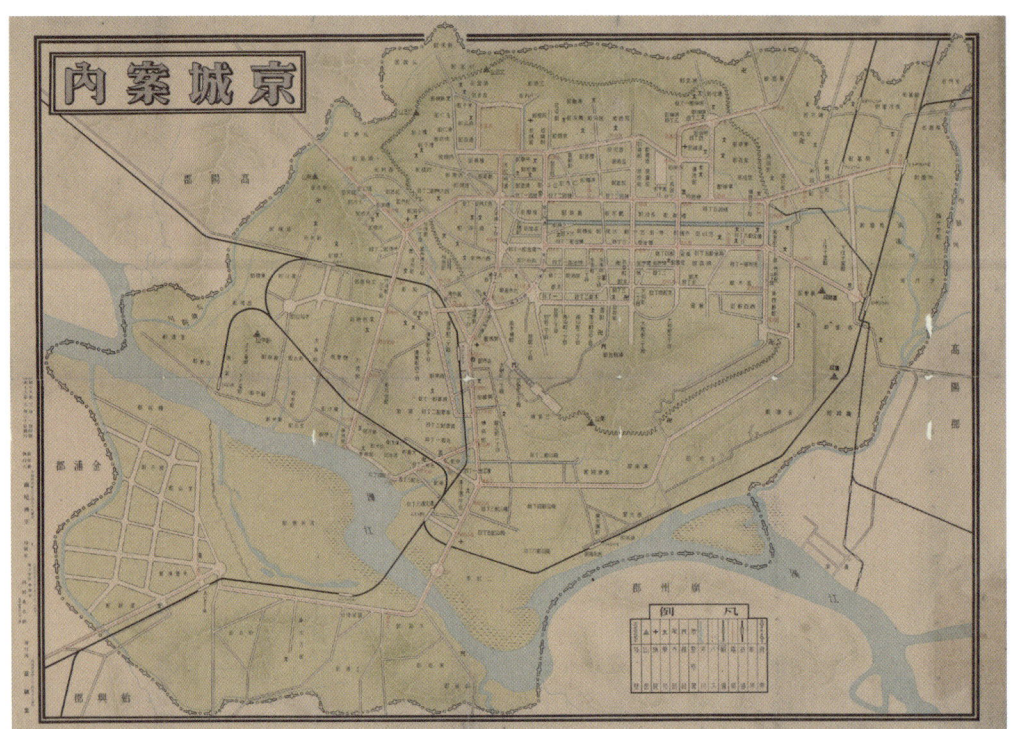

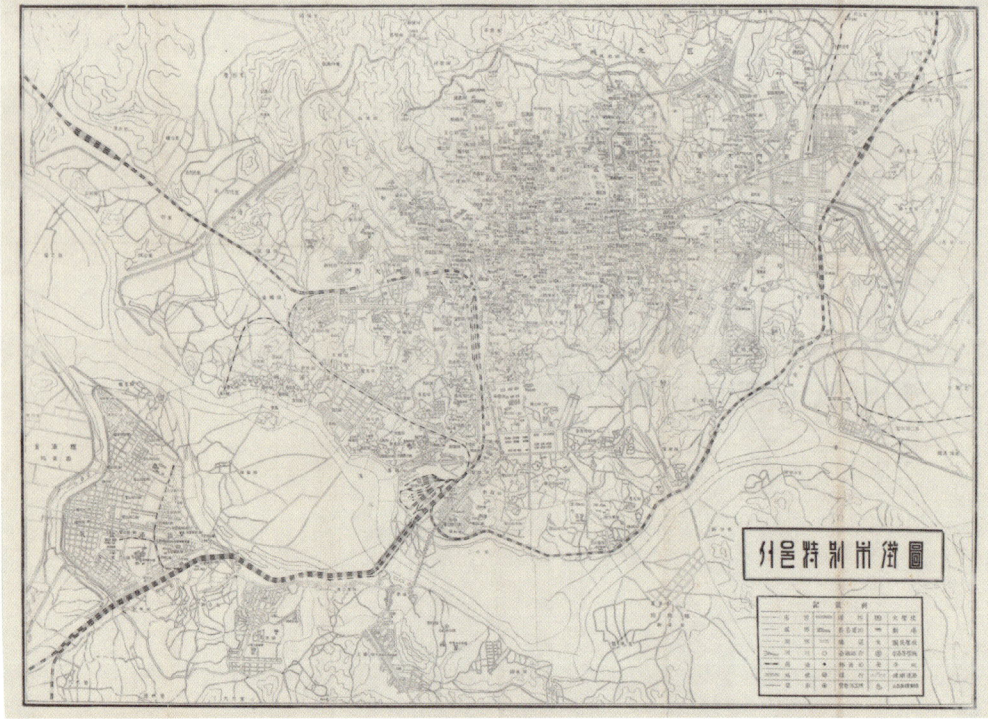

(위) 1943년에 경성 지성당(至誠堂)에서 발행한 경성시가지 안내지도로, 당시 경성은 한강의 이북 지역인 강북에 국한되었다. (출처: 서울역사박물관)

(아래) <서울특별시가도(特別市街圖)>. 소개도로 등 일제의 경성부 시가지계획 흔적이 남은 1940년대 후반 서울의 모습을 엿볼 수 있다. (출처: 서울역사박물관)

(위) 한강변 서빙고 일대의 풍경 사진으로 현재의 모습과는 달리 백사장이 펼쳐져 있으며, 강을 건너는 방법은 나룻배뿐이었던 1920년대 한강변의 모습
(출처: 서울역사아카이브)
(아래) 수변에 근접한 곳까지 주거지가 빼곡했던 마포 한강변의 모습
(출처: 서울역사아카이브)

한강의 물길은 일본이 조선을 강제 침탈하여 지배하는 상황에서 인공적으로 변하는 시점을 맞게 된다. 1936년 경성 인구가 70만 명이던 시절, 조선총독부는 '경성부 시가지계획'을 발표하며 1965년까지 인구를 110만 명으로 늘리기 위한 택지조성 계획, 토지이용 계획, 공원녹지 계획 등을 수립했다. 하지만 1945년 8월 15일 광복 이전까지, 조선총독부와 경성부청을 차지하고 있던 일본인이 이룩해 놓은 것이라곤 돈암·영등포·대현 등 3개 지구 구획정리 사업뿐이었고, 경성 도심부 여러 곳에 이른바 '소개도로'라는 것이 흉하게 개설됐다. 소개도로란 적의 폭격으로 목조 가옥들이 불타는 것을 차단하기 위해 중간중간 설치한 30~50m 정도의 대상공지였다.●

일제강점기 시절 한강의 역사에 씻을 수 없는 기억을 남긴 사건을 꼽으라면 1925년 을축년 대홍수를 빼놓을 수 없다. 7월부터 시작한 장마는 4개의 태풍과 함께 9월까지 이어졌다. 서울의 연평균 강수량이 1,400mm라 했을 때, 을축년 대홍수 때만 6개월 치의 비가 열흘 동안 내렸다. 을축대홍수로 인해 한강물은 범람하여 남대문까지 밀려들어 왔으며 전국적으로 647명이 사망했다. 일제가 홍수나 한강의 범람을 고려하지 않고 한강변의 낮은 지대에 넓은 택지를 만들어 사람들을 거주시켰기에 더욱 큰 피해를 초래했다. 또한 을축대홍수는 강북이었던 잠실을 강남으로 만들었다. 원래 한강의 본류는 잠실의 남쪽 송파강이었는데, 강의 범람으로 새로운 물길인 '신천'이 본류가 된 것이다. 이렇듯 지역의 대전환을 가져올 정도로 홍수의 규모가 상당했음을 알 수 있다.

커다란 인명 피해를 입힌 을축대홍수는 단군 이래 한국인의 인식 속에 치수의 필요성을 일깨운 대표적인 재난이었다. 광복 이후 대한민국 정부가 댐을 건설하고 한강에 제방을 건설하는 등 상당한 예산을 들인 것도 을축대홍수의 결과라 할 수 있다.

근현대에 들어서는 한강을 인력으로 다스리기 위한 시도가 더욱 활발해졌다. 1962년 우리나라에 건설부가 생기면서 다목적댐 축조를 본격적으로 연구하기 시작했다. 1960년대 초반에서 1980년대 초반까지 정부는 네 차례의 경제개발 5개년계획을 추진했다. 그에 따라 한강 역시 개발의 각축장으로 기능했다. 제1차 경제개발 5개년계획이 끝난 1966년 당시, 한강 상류에는 모두 5개의 댐이 건설되어 있었다. 일제가 1939~1944년에 축조한 화천댐과 청평댐, 한국전쟁 직후인 1953~1957년에 축조한 괴산댐, 그리고 제1차 5개년계획 기간 동안 축조한 춘천댐과 의암댐 등 모두 5개 댐이 가동 중이었다. 그러나 이들 5개의 댐이 모두 수력발전을 목적으로 하고 있었기에, 한강의 수량을 조절하고 연간(連杆)을 통해 물자원을 유효 적절히 이용하는 면에 있어서는 거의 능력을 발휘하지 못하고 있었다.●

한강의 모습이 전면적으로 변하기 직전인 1966년 당시 서울은 한강의 이북 지역인 강북에 국한되었다. 강남은 산등성이와 잡초가 무성한 곳이었고 거주하는 사람도 몇만 명에 불과했다. 강북과 강남을 가로지르는 방법은 나룻배뿐이었으며 한강은 백사장의 연속이었다.

1981년에 88서울올림픽 유치가 결정되면서 한강을 정비하는 대규모 사업이 추진됐다.
서울시는 김포대교~암사동 36km 구간의 한강종합개발사업에 앞서 하상의 변화 등
변수를 사전에 파악하기 위해 약 2억 원의 예산을 들여 수리 모형을 제작했다.

이 수리 모형은 팔당댐에서 김포대교에 이르는 한강 본류를 200분의 1로 축소하고,
교량 19개를 실제 높이의 80분의 1로 줄여 만든 것으로, 한강 물의 속도와 수위 방향에
따라 한강에 미치는 영향을 종합적으로 파악하는 데 도움을 주었다.
(출처: 서울역사아카이브)

현재 한강 유역에는 9개의 댐이 설치되어 있으나, 대부분 수력발전을 목적으로 하거나 다목적으로 지어졌기에 홍수 조절 면에 있어서는 능력을 충분히 발휘하지 못하고 있다. 아래는 한강 유역 댐 설치 현황과 연도별 홍수 피해 규모를 나타낸 것이다.

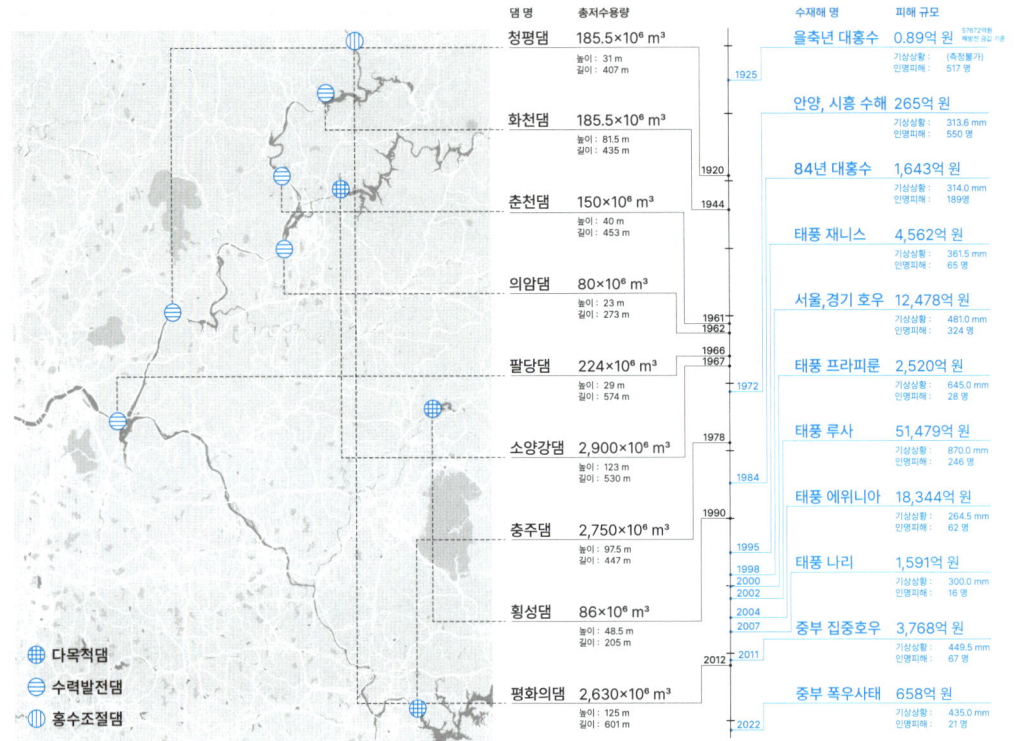

한강 준설이 본격적으로 진행되면서 수심을 2.5m까지 깊게 팠다. 한강의 홍수를 조절하는 것뿐만 아니라 유람선이 지나다닐 수 있는 물길을 만들기 위한 목적도 있었다. 한강을 파내서 나온 모래는 팔아서 한강 개발 과정에 드는 비용으로 일부분 충당했다. 잠실수중보와 신곡수중보가 세워지기 전만 해도 압구정 일대는 밀물과 썰물이 있을 정도로 수심의 차가 크게 났지만 지금은 비교적 일정한 수준을 유지한다.

　　당시 서울에는 비약적으로 증가한 인구를 포용할 수 있는 하부시설이 갖추어지지 않았다. 김현옥, 양택식, 구자춘으로 이어지는 서울시의 3대 시장들은 한강을 중심으로 서울의 하부시설을 개발하는 데 총력을 기울였다. 혹자는 이 시기를 '한강변의 기적'이라고 표현하기도 하지만, 반대로 '개발독재시대'라 불리는 이유도 분명히 존재한다. 1967년 3월 17일 강변연안도로가 착공했다. 이 도로는 기존의 도로와 달리 자동차 전용도로였으며 한강제방의 역할도 수행하도록 설계되었다. 준공식에는 박정희 대통령이 참석했고 그는 대통령 휘장을 단 자동차를 타고 첫 번째로 이 도로를 달렸다. 김현옥 시장은 강변연안도로와 기존 제방 사이에 생기는 약 2만 4천 평의 땅에 새로운 택지가 조성되는 것을 목격하며 여의도 120만 평을 개발할 목적으로 한강개발 3개년계획을 발표했다.

한강개발계획을 통해 서울시는 제방도로를 쌓아 홍수에 대비하고 새로운 택지에 주택을 건설해 분양하며, 그렇게 벌어들인 자금으로 또 다른 주택건설과 시민복지사업에 투자한다는 목표가 있었지만 그렇게 진행되지만은 않았다. 한강에 제방을 쌓는 것이 국영기업, 민간기업이 끼어드는 '공유수면 매립공사'라는 큰 이권 사업으로 등장한 것이다. 공유수면 매립은 민간이나 기업체가 하천관리처인 서울시를 거쳐 건설부장관의 면허를 받아서 하는 사업이었다. 1962년 1월 20일자 법률 제986호로 제정 공포된 「공유수면매립법」 제1조(공유수면을 매립하여 효율적으로 이용함으로써 공공의 이익을 증진하고 국민경제의 발전에 기여함을 목적으로 한다)에 담긴 취지와 달리 민간이 주도한 공사는 일반기업, 국영기업 등의 이익을 우선한 사업일 수밖에 없었다.● 한강변에는 동부이촌동, 반포 아파트단지, 압구정동, 잠실 등의 매립공사가 진행됐고, 그에 따라 오늘날 한강변의 모습이 결정되었다.

(위) 한강의 제방 역할도 수행하도록 설계된 자동차 전용도로인 강변연안도로의 1967년 9월 준공 직전 모습 (출처: 서울기록원)
(아래) 강을 중심으로 넓게 뻗어 있어 보행자들의 한강 접근을 어렵게 만드는 강변북로의 모습. 사진은 용산구 이촌동 부근에서 찍은 모습이다.
(출처: 대한민국역사박물관 근현대사아카이브)

사람을 끌어들이는 워터프런트

도시는 물과 닮았다. 철학자 바슐라르가 그의 저서 『물과 꿈』● 에서 "한순간도 머무르지 않고 끊임없이 변화하는 물의 운명"에 대해 언급했듯 도시의 모습도 그러하다. 그는 또한 인간이 의식적으로 혹은 무의식적으로 물에서 느끼는 이미지를 따스하고 행복한 밤의 이미지, 밝게 감싸는 물질의 이미지, 공기와 물, 하늘과 대지를 동시에 붙잡아 합치하는 이미지, 우주처럼 넓고 거대하면서도 부드러운 이미지로 표현했다. 이렇듯 물이 지닌 물질적·심미적 이미지는 그간 다양한 문화, 예술을 통해 표현돼 왔다.

　　　　외국에서 오랫동안 지내다 한국에 돌아와 한강을 다시 마주했던 때가 기억난다. 2가지 생각이 떠올랐다. 하나는 아주 어렸을 때 본 콘크리트 더미가 쌓여 있던 강터와는 많이 달라졌다는 점이다. 내가 어린 시절의 한강은 당시 우리나라의 콘크리트 시공 기술을 전시라도 하듯이 한강변을 전부 회색빛으로 만들었다. 이후 콘크리트 제방을 대거 해체하고 나무와 풀이 있는 녹지공간으로 탈바꿈한 점이 무척 흥미로웠다. 동시에 들었던 또 다른 생각은 '한강을 365일 활용할 수 있는 방안은 없을까?'라는 질문이었다.

　　　　세계적으로 넓은 폭을 자랑하지만 수심은 깊지 않아서 한강은 이제 운송 수단으로도, 관광 목적으로도 활발하게 이용되지 않는다. 또한 나들이나 운동 등의 목적이 아니라 그저 일상 속 산책, 잠깐의 도보로 이용하기에는 여전히 거리감이 존재한다. 강변북로,

올림픽대로 등 한강을 중심으로 뻗은 넓은 도로가 도보 접근을 어렵게 만들기 때문이다. 나는 한강을 어떻게 하면 워터프런트로 만들 수 있을지 상상했다. 워터프런트(waterfront)란 물과 땅이 만나는 독특한 장소로, 물이 주는 여유로움과 활기를 느낄 수 있으며, 각 지역의 특별한 역사와 특성을 상징하는 유한하고 역동적인 공간으로서, 도시의 주거·업무·휴식·문화생활을 복합적으로 충족시킬 수 있는 면적인 공공공간●을 말한다.

워터프런트는 흔히 우리말 '수변'으로 바꾸어 부르는데, 정확히 구분하자면 워터사이드(waterside)와 다른 개념이다. 사이드는 '옆'을 뜻하고 프런트는 '앞', '중심', '전면' 등 함께 맞닿아 있는 개념에 가깝기 때문이다. 다시 말해서 워터사이드는 강에 인접한 곳으로 반드시 강둑을 뜻하는 것은 아니며, 워터프런트는 '물과 땅이 맞닿는 선을 중심으로 형성되는 공간역'을 뜻한다.● 워터프런트가 가능하려면 강이 범람해 주변을 침수할 위험이 없어야 하고, 갑작스런 기상이변에도 강의 수량을 통제할 수 있어야 한다.

마케마케 프로젝트로 서울의 물을 컨트롤할 수 있게 되면 한강에는 약 300만 평의 워터프런트가 생길 것이다. 이 넓은 공간을 도시의 미래를 위한 도약의 기회로 삼아야 한다고 생각한다. 우리는 가장 먼저 녹지공간을 떠올렸다. 강가를 거닐며 푸르름을 즐길 수 있는 공원과 숲 등 그린스페이스를 대거 조성해야 한다. 워터프런트라는 지역의 특성상 유유히 흐르는 강을 옆에 두고 도시를 즐기기에 가장 적합하기 때문이다. 시민들이 자연을 즐기기 위해 워터프런트에 많이 모이기 시작하면 두 번째로 공공건물과 문화공간을 기획할 수 있을 것이다. 한류 문화가 세계의 선두에 서게 된 요즘, 수천만 관객을 동원할 수 있는 야외 공연장, 오페라하우스, 미술관 등을 확보하는 것이다. 도시 속에서 시민들은 일과 생계를 위해 척박한 날들을 보낼지라도 짧은 여가 시간 동안 더욱 깊고 풍부한 문화적 고취를 느낄 수 있을 것이다. 이러한 문화적 고취가 축적되면 서울 시민의 삶이 물질적으로나 정신적으로나 좀 더 윤택해질 것이라 믿는다. 마지막 세 번째 단계는 하우징의 영역까지 고민해 볼 수 있을 것이다. 이는 문화적 공간과 그린스페이스가 어우러진 사이에서 시민들이 거주할 수 있는 공동주택을 건축하는 일이다.

물이 주는 여유로움과 활기를 느낄 수 있는 워터프런트의 좋은 예인
로스앤젤레스 베니스 운하의 모습

창조성을 일깨우는 건축적 기반

도시에서 워터프런트의 중요성은 공업의 쇠퇴로 무너진 산업도시들이 항만공업지역을 친수문화공간으로 재생하던 시기에 부각됐다. 유럽에서는 빌바오와 글래스고 등 항만공업도시들이 1980년대부터 도시문화와 워터프런트를 개발하는 프로젝트를 시작했고, 보스턴과 시애틀 등 미국의 해안도시들도 항만도시를 친수문화공간으로 전환해 나갔다. 그중 미국 시카고강 사례를 살펴보면, 시카고강은 예로부터 미시건호와 만나는 전략적 위치로 항구, 산업용수, 폐수 처리 등의 중요한 역할을 담당했다. 1848년 일리노이-미시건 운하가 건설되며 시카고강을 통과하는 교통량이 급속하게 증가했고, 강변 지역에는 육가공업, 제재업의 공장 지대가 들어서기 시작했다. 이러한 역사를 거쳐 시카고강 주변은 산업·상업·주거·여가시설 등이 혼재된 형태에 이른다.

  건축가 대니엘 버넘과 에드워드 버넷은 1909년 시카고 계획을 제안하며 미시건 호수변을 대형 공원의 형태로 재개발했다. 시카고 계획의 내용대로 1926년에는 강변을 따라 복층대로인 웨커 드라이브(Wacker Drive)가 건설되었다. 웨커 드라이브는 도심부를 관통하는 주요 간선도로라는 중요한 역할을 맡긴 했지만, 동시에 시민들과 시카고강 간의 거리를 더 멀게 만든 장애물이 되기도 했다. 시민들이 대형 차도를 지나 도보로 걸어 강에 갈 방법이 없었기 때문이다. 웨커 드라이브의 노후화가 지적되고 리버워크에 대한 수요가 증대하면서, 웨커 드라이브를 강쪽으로 확장하는 재개발이 시작되었다. 이에 강변을 넓히는 작업의 일환으로, 시카고강 기존 교각 밑 6m, 각 교각 사이 7.5m, 시카고강 지류와의 합류 지점의 15m 폭을 강쪽으로 확장했다. 교각 사이의 공간들은 2015년, 2016년에 걸쳐 단계별로 요트정박장, 작은 만, 강변극장, 워터플라자, 습지 정원 등 5가지 테마로 기획했다.

시카고강변을 따라 건설된 웨커 드라이브의 모습

대형 차도 중심으로 나 있던 기존 웨커 드라이브는 도보 중심으로 재개발되었다. 강을 건너는 교각은 도보 3분이면 건널 수 있다.

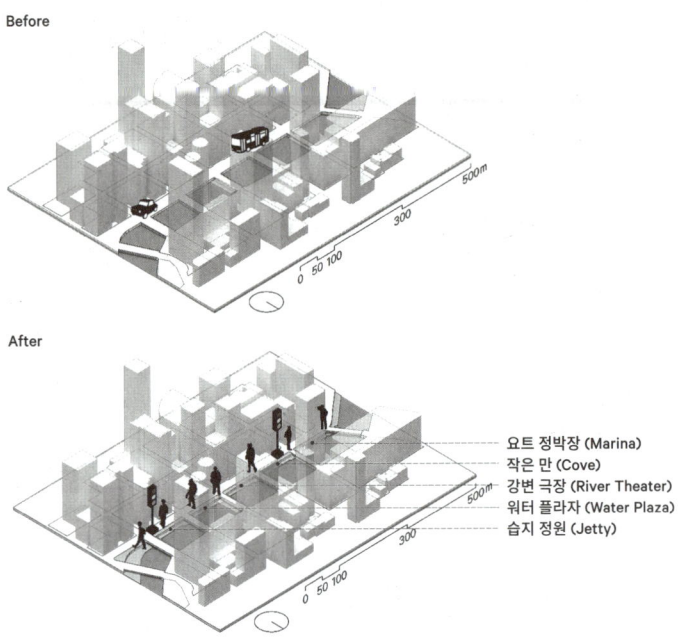

시카고 웨커 드라이브 리버워크(Chicago Wacker Drive Riverwalk)

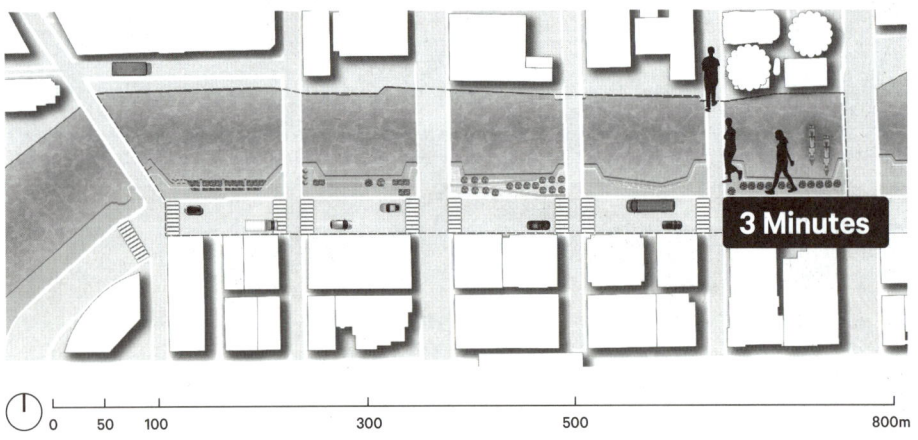

웨커 드라이브의 재개발을 통해 보행접근성이 좋아진 시카고강변에서 여가를 즐기고 있는 시민들의 모습

서울 한강의 경우, 강폭이 넓고 침수가 잦다 보니 수변공간에
주거시설이나 편의시설 등이 거의 존재하지 않는다. 더욱이 강변에
설치된 대형 자동차 전용도로는 시민의 접근성을 더욱 낮춘다.
반면 시카고강의 경우, 강폭이 좁고 수심이 깊으며 도시 침수가 드물기
때문에 워터프런트가 잘 조성돼 있다. 이는 시민들이 다양한
수변공간을 즐기는 접근성을 높인다.

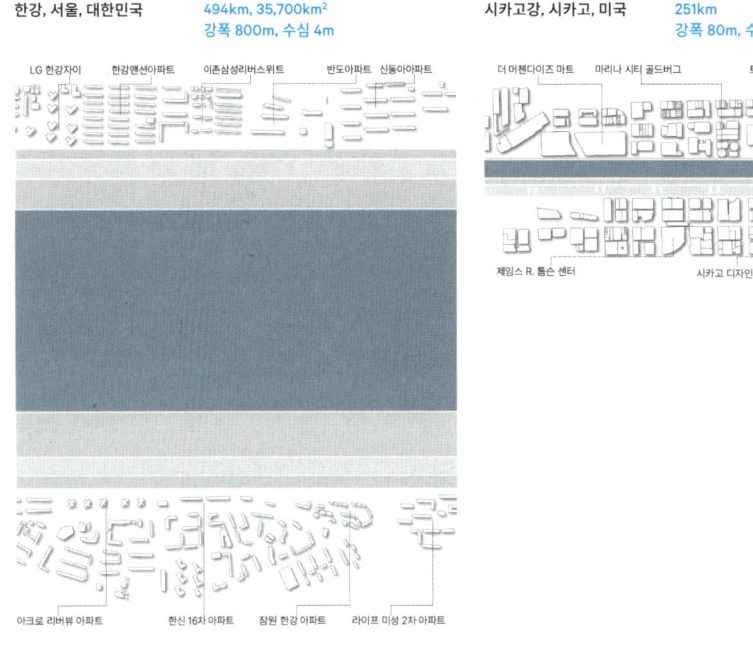

　　　　　　시카고강을 중심에 둔 도시 재개발 프로젝트가
성공할 수 있었던 이유로 관련 전문가들은 몇 가지 특성을 손에
꼽는다. 가장 먼저 도심부를 관통하고 있던 웨커 드라이브를
과감하게 재건하여 자동차 도로뿐만 아니라 보행접근성도
끌어올렸다는 점이다. 시민들은 시카고강에 바로 인접하여 산책을
하고 레스토랑, 카페, 공원 등의 편의시설과 공공시설을 편리하게
누릴 수 있게 됐다. 두 번째는 다양한 프로그램을 수변공간에
적절하게 기획하고 운영했다는 점이다. 도시재생 사업이 촉발된
시대적 배경과 시카고강의 변화 모습을 역사적으로 아카이빙하는
박물관을 운영하는 이유도 이 때문이다. 또한 시카고 리버워크는
시민들의 의견을 수렴하는 플랫폼을 마련해 일회성 개발이
아닌 주기적인 변화와 혁신을 이끌어 가고 있다.● 이처럼
시카고강의 재생 프로젝트 리버워크는 시민의 이용도가 낮았던
하천을 공공공간으로 변모시킨 모범적인 사례로 손꼽힌다.
　　　　　　시카고강의 리버워크와 한강을 비교했을 때 가장
큰 차이는 강변에 입지한 공공건축물의 유무다. 사실 한강에
인접한 부지는 매년 침수 위험이 있기 때문에 영구적인 건축
기반으로서 기능할 수 없었다. 하지만 마케마케 프로젝트를 통해
한강의 폭을 좁히고 수량을 관리하면, 침수 위험이 없는 영구적인
건축 기반이 늘어날 것이다. 이를 구체적으로 환산해 보면 한강
강역은 기존 $33.0km^2$에서 $23.8km^2$로 줄지만 수변공간은
$9.2km^2$가 늘어 한강과 고수부지를 포함한 전체 면적 중 녹지의
비율이 40.3%가량 증가할 것이다. '한강 다이어트'로서 마케마케
프로젝트는 워터프런트의 새로운 전형을 만드는 작업이다.

도시는 성장 단계에 따라 모습을 달리하고, 강은 도시에 도움이 되는 방향으로 변화해야 한다. 이를 위해서 지금 동시대의 대도심에 필요한 워터프런트는 도시의 창조성을 일깨우는 곳이어야 한다. 마케마케 프로젝트에서 워터프런트는 그린스페이스와 공공공간을 조성하는 밑바탕이 된다. 그린스페이스는 도시의 자연환경 보전과 공해 방지를 위해 녹지를 조성하거나 지정한 공간을 말하며, 공공공간은 도시 형태를 구성하는 요소이면서 동시에 도시문화를 형성하는 기반을 뜻한다. 광장, 시장, 거리, 공원 등 공공공간은 물리적 도시환경을 구성할 뿐만 아니라 축제, 휴식, 만남, 집회 등 도시 활동과도 밀접하게 연관된다. 최근 세계 대도시들은 삶의 질, 커뮤니티, 도시에 대한 권리, 사람 중심의 도시 등을 중요한 사회 이슈로 삼으면서 공공공간에 높은 관심을 두고 있다. 특히 도시재생을 통한 공공공간 부흥은 전 세계적 도시 현상이기도 하다.●

지금의 한강 주변에는 소위 '한강뷰'를 위해 줄지어 선 아파트 병풍이 있다. 그 아래로는 복잡하게 얽힌 차도가 놓여 있어 한강공원을 마치 섬처럼 만든다. 이는 한강이 시민 모두가 평등하게 누릴 수 있는 공공재였다는 것을 잊게 만든다. 2022년 국토연구원은 보고서 『지역의 소득불평등과 거주지 분리의 특성 및 변화』에서 고소득층의 거주공간이 우수한 경관, 최적의 교통 및 교육 서비스를 독점하는 현상의 문제를 꼬집었다.● 다양한 서비스 시설이 고소득층 거주지를 중심으로 공급되면서, 부자는 이동에 돈을 덜 쓰고 빈자는 돈을 더 쓰는 '역설적인 도시구조'가 만들어질 수 있다는 우려 때문이다. '한강뷰'의 아파트값이 고공행진하는 모습은 연구원들의 우려를 반영한다. 새로이 생겨날 공공공간은 부자와 빈자를 가르지 않고 녹지공간과 문화공간을 향유할 수 있는 데 도움이 될 것이다.

이른바 '한강뷰' 아파트 병풍과 복잡하게 얽힌 차도로 인해, 시민들의 보행 접근성은 떨어지고 있는 한강변의 모습 (출처: 한국관광공사)

**1957년 대홍수로 인해 지역의 75%가 침수된 이후, 스페인 발렌시아는
투리아강을 두 줄기로 나눠 하나를 도심의 외곽으로 빼냈다.
이 개발을 통해 투리아강 유역에는 30만㎡의 녹지가 생겨났는데,
여기에 공원 및 다양한 문화공간이 들어섰다.**

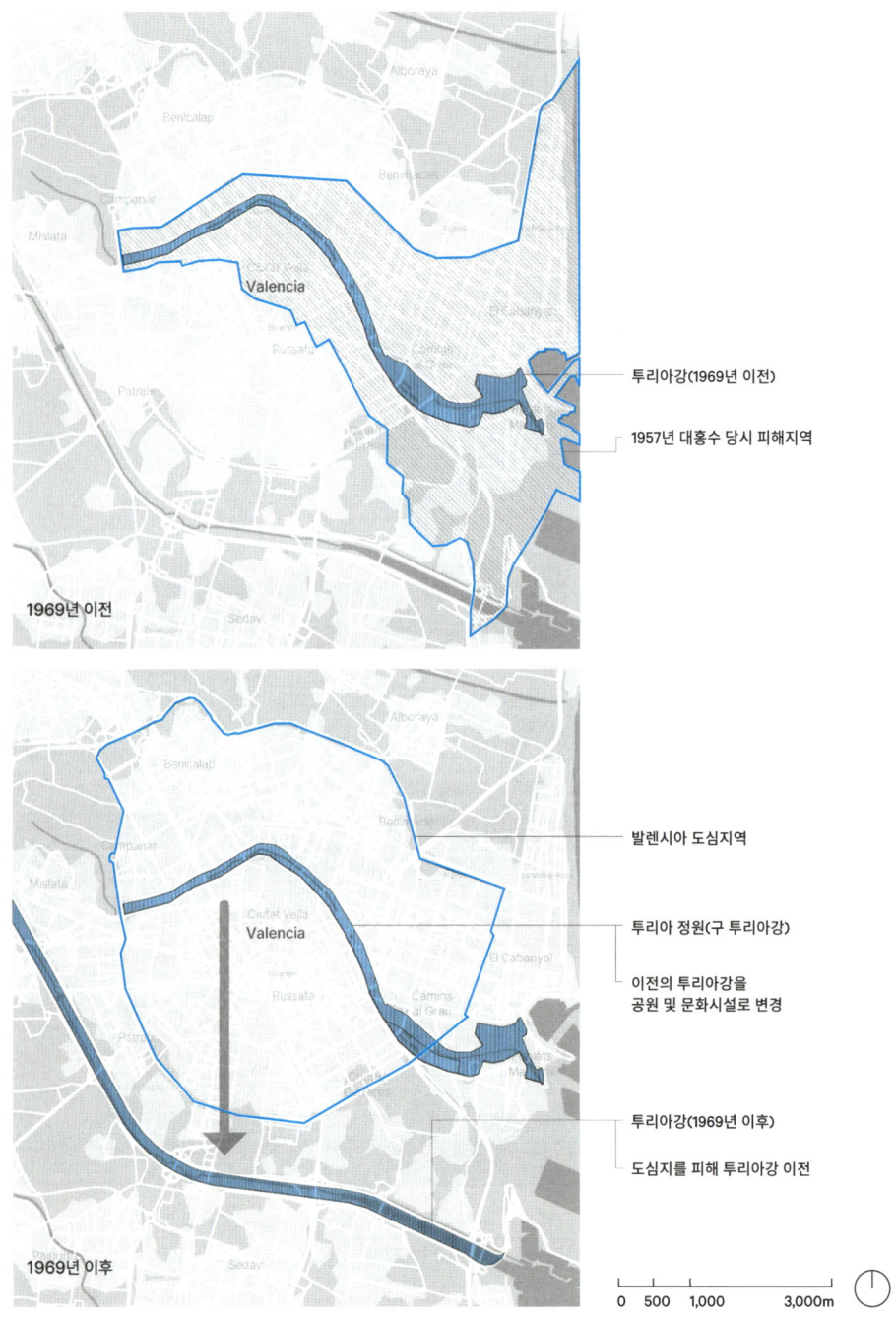

사례 1. 투리아강:
발렌시아를 예술과 과학의 도시로 견인하다

마케마케 프로젝트를 통해 확보될 9.2km²의 새로운 공간에 녹지가 풍부한 공원과 오페라하우스, 극장 등 공공의 문화공간을 건설하면 어떨까? 시민들은 바로 옆에서 천천히 강물을 바라보며 대도심에서 쉽게 찾을 수 없는 쉼, 여유를 느낄 수 있을 것이다. 또한 다양한 이벤트시설, 문화시설로부터 창의적인 생각의 접점들이 만들어질 것이다. 이와 관련해 투리아강을 활용해 발렌시아를 예술과 과학의 도시로 만들었던 프로젝트를 예시로 소개한다.

발렌시아는 스페인의 제3의 도시다. 아름다운 건축물과 지중해, 미적인 도시환경으로 사랑받는 이곳에는 도시 전체를 문화의 저변으로 탈바꿈시킨 투리아강이 있다. 발렌시아는 남북을 관통하는 투리아강을 기점으로 어업과 농업, 공업 지대로 성장한 도시다. 하지만 1957년 도심에 발발한 대홍수로 전체 지역의 75%가 침수하며 크나큰 위기를 겪었다. 이후 발렌시아는 침수를 대비해 전면적인 도시개발을 단행했다. 가장 대표적인 개발사업으로는 투리아강을 두 줄기로 나눠 하나를 도심의 외곽으로 빼내는 것이 있었다. 재개발 공사로 인해 투리아강 유역에는 무려 30만m²(도시 면적의 0.2%)의 녹지가 생겼고, 이는 다양한 문화공간의 기반으로 적재적소에 활용됐다. 1996년 당시 발렌시아 자치정부는 '예술과 과학의 도시 재단'을 설립해 10km에 이르는 수변 일원(35만m²)을 대규모 공원으로 조성했다.

투리아강 재개발을 통해 생겨난 녹지에 들어선 문화 및 건축 복합단지
'예술과 과학의 도시'. 1998년에 개관한 이곳에는 박물관, 천문관, 영화관, 공연장 등이
입주해 있다.

로마네스크, 바로크, 고딕 등 옛 건축양식을 엿볼 수 있는 투리아강 건너편의 모습.
발렌시아는 새로운 건축물과 생태공원을 건축할 때에도 기존 올드타운과의
조화를 고려하였다.

발렌시아 투리아강 유역에 새로 생겨난 정원의 크기는 1.9km²이지만 마케마케 프로젝트를 통해 확보할 수 있는 대지 면적은 9.2 km²로, 거의 5배에 달한다.

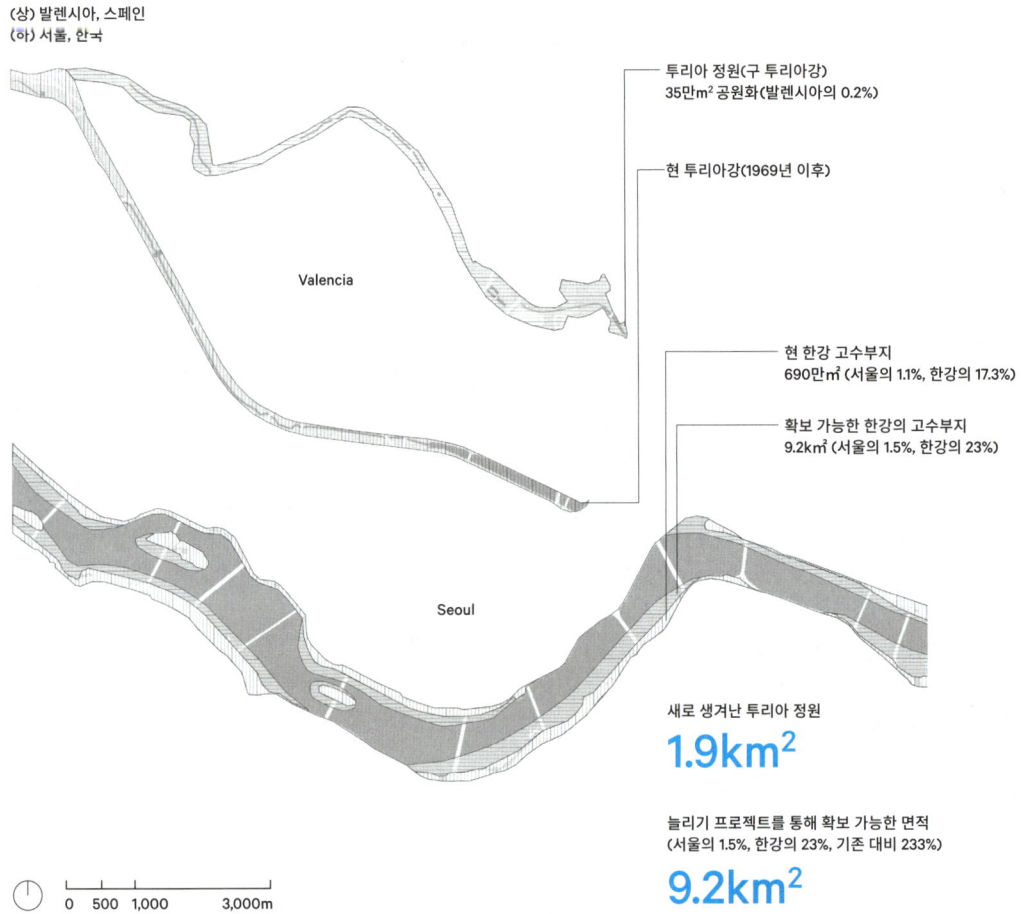

(상) 발렌시아, 스페인
(하) 서울, 한국

투리아 정원(구 투리아강)
35만m² 공원화(발렌시아의 0.2%)

현 투리아강(1969년 이후)

현 한강 고수부지
690만㎡ (서울의 1.1%, 한강의 17.3%)

확보 가능한 한강의 고수부지
9.2km² (서울의 1.5%, 한강의 23%)

새로 생겨난 투리아 정원
1.9km²

늘리기 프로젝트를 통해 확보 가능한 면적
(서울의 1.5%, 한강의 23%, 기존 대비 233%)
9.2km²

그렇게 완공된 결과물 중에서도 가장 대표적인 것은 스페인 최초의 미래형 건축물 '예술과 과학의 도시'(Ciudad de las Artes y las Ciencias, CAC)라 할 수 있다. CAC는 기술·자연·음악·예술·교육·디자인·엔터테인먼트를 한자리에서 볼 수 있는 복합문화공간으로, 오페라하우스(레이나 소피아 예술궁전), 아이맥스 영화관·천문관, 과학관, 야외정원, 아쿠아리움 등 5개 건축물로 구성돼 있다. 스페인 건축가 산티아고 칼라트라바가 설계한 CAC는 건축물 주변으로 거대한 연못이 조성돼 있으며, 이는 마치 물 위에 떠 있는 듯한 신비로운 분위기를 자아낸다. 지금은 흐르지 않는 투리아강 하류의 역사성과 장소성을 시민들이 기억할 수 있도록 고안한 것이다. 또한 CAC는 칼라트라바의 다른 작품과 같이 유선형의 형태미와 구조미를 최대치로 끌어올렸으며, 실내에는 기둥이 없는 대규모 공간을 만들었다. 이는 지역의 랜드마크로서 많은 사람이 한 장소에 모이는 이벤트 공간의 역할을 수행하기 위함이다.

　　투리아강 유역에는 CAC뿐만 아니라 상류 지역의 생태공원과 친수시설이 마련돼 있는데, 구시가지가 조화롭게 공존한다는 점이 특징이다. 대규모 생태공원은 관광객들이 그저 걷는 것만으로 여독을 풀 수 있을 정도로 아기자기하게 디자인해 놓았다. 공원 중간중간에는 투리아강과 지중해를 상징하는 작은 시냇물이 흐르며 이곳에서 다양한 사람들이 평화롭게 산책하며 도시를 즐길 수 있도록 만들었다.

한편 투리아강의 도로 건너편에는 그 위상만으로 범상치 않은 멋진 건축물들이 즐비하다. 13세기에 지어진 발렌시아 대성당을 필두로 로마네스크, 바로크, 고딕의 3가지 건축양식을 엿볼 수 있는 웅장한 건물들이 정경을 이룬다. 발렌시아의 건축사는 고대 건축사의 증인이라고 할 수 있을 정도로 시대를 관통하는 아름다움을 갖고 있다. 기원전 138년에 로마인들에 의해 세워진 도시이지만, 로마가 멸망한 후 게르만족의 분파인 서고트족이 침입했으며, 다시 스페인이 이슬람 지배하에 있을 때는 이슬람 문화의 영향을 받기도 했다. 지배의 역사 한가운데 있었던 혼란스러웠던 상황이 현재에 와서는 다문화 색채가 입체적으로 드러나는 도시를 만든 것은 역설적이다. 투리아강을 메우고 건축한 새로운 건축물과 생태공원 외에도 한편에 지역의 역사를 잘 보존한 올드타운이 건재한 덕분에 발렌시아의 이야기는 더욱 다채롭게 중첩될 수 있었다. 발렌시아 투리아강의 사례는 치수와 친수를 통해 도시의 생명을 다시 불어넣은 사례로 자주 소개되곤 한다. 또한 새로운 건축물과 하부구조가 기존의 도시의 역사를 해치지 않고 조화롭게 연결시키려 노력한 사례로서도 주목할 필요가 있다.

사례 2. 네르비온강:
문화의 도시 빌바오를 잉태하다

'빌바오 효과'라는 말이 생겨날 정도로 도시재생의 선례로 꼽히는 도시 빌바오는 그 중심을 흐르는 네르비온강을 통해 도시를 획기적으로 재구성할 수 있었다. 쇠퇴한 중공업 위주의 도시가 어떻게 문화 중심지가 될 수 있었는지 살펴보자.

빌바오는 스페인의 북부에 위치한 면적 $41.3km^2$, 인구 약 35만 명의 도시로, 바스크 지역의 중심이다. 19세기에 산업화를 일찍 이룩한 스페인에서도 빌바오는 평균 국민소득이 월등히 높을 정도로 성장한 도시였다. 하지만 프랑코의 장기독재가 이어지면서 스페인은 세계 경제대국이라는 타이틀을 잃는다. 동시에 빌바오의 대표적인 산업인 조선과 철강 산업이 심각한 불황의 길로 접어든다. 빌바오의 중심을 흐르는 네르비온강은 200년 넘게 중공업 위주의 도시를 견디며 오염 정도가 날이 갈수록 심각해진 상태였다. 설상가상으로 700여 년 만에 찾아온 1983년 대홍수로 빌바오의 도심지역이 온통 침수되어 시름이 더욱 깊어졌다. 도심지는 폐허로 변했고 일터를 잃은 주민은 8만 명에 달했으며 당시 실업률은 25%까지 올랐다.

심각한 불황의 길로 접어든 빌바오시를 되살리기 위해
네르비온강변에 세워진 구겐하임 미술관.
헤엄치는 물고기의 형상을 한 이 미술관은 빌바오시의 랜드마크가 되었다.

빌바오시 정부는 지역을 살리기 위해 도시의 대대적인 탈바꿈을 기획한다. 그들이 가장 중시한 2가지는 환경과 문화였다. 과거 공업도시로 물자를 수송해 왔던 네르비온강은 오염 정도가 심해 죽음의 강으로 불릴 정도였다. 시는 이런 강을 살리기 위해 약 15년간 8억 유로를 투자해 수질을 크게 향상시켰다. 강이 살아나면서 생긴 20만m² 면적의 수변지역에는 구겐하임 미술관을 필두로 공원, 녹지 등 오픈스페이스를 70% 비율로 설계했다. 이는 도시의 강과 자연이 살아나야 도시의 문화도 꽃피울 수 있다는 강한 믿음에서 비롯된 계획임을 말해 준다.

그중에서도 가장 대표적인 프로젝트는 1억 달러를 투자해 구겐하임 미술관을 건립한 것이다. 빌바오시는 1991년 구겐하임재단과 계약을 체결하여 공사에 착수했다. 미술관 설계를 맡은 건축가 프랭크 게리는 평소 가져 온 바스크 지역에 대한 관심을 토대로 20세기 말을 대표하는 건축 중 하나로 꼽히는 건축물을 완공한다. 빌바오의 랜드마크가 된 이 건축물은 50m 높이의 비교적 작은 규모이지만 티타늄 소재로 만들어져 멀리서도 눈길을 사로잡는다. 프랭크 게리의 그간의 건축적 탐구가 구겐하임 미술관 설계에서 꽃을 피웠다 해도 과언이 아니다. 그는 스페인산 라임스톤(석회암)과 티타늄, 유리 등 3가지 소재를 활용해 헤엄치는 물고기 형상으로 미술관을 디자인했다. 빌바오의 특성상 비가 내리고 흐린 날이 많은데, 그런 기후에도 적절히 어울리는 미감을 고려한 것으로 구겐하임 미술관만의 아우라를 만들어 냈다.

　　　　더욱이 빌바오는 고딕지구가 발달한 곳이다. 고딕지구란 역사적 건축물과 골목 등이 잘 보존된 곳을 말한다. 이를테면 19세기 중반 예수회가 설립한 데우스토 대학부터 명품 상점, 주택가 등이 존재해, 구겐하임 미술관을 필두로 지역민뿐만 아니라 관광객들도 빌바오의 문화와 역사를 즐길 거리가 풍부하다. 구겐하임 미술관은 매년 105만 명의 관람객이 방문하는 긍정적인 결과를 가져왔고, 3년 만에 건설비를 회수하고 5년 만에 투자금을 전부 회수할 수 있었다고 한다. 이러한 경제적 성공은 자연스럽게 지역경제에도 영향을 미쳤다. 구겐하임 미술관이 개관한 후 10년 동안 지역의 호텔 수가 10배 증가했고 일자리는 약 4천 개가 만들어졌다. 이러한 수치는 과거 1970년대에 빌바오가 항만산업의 절정에 달했을 때의 종사자 수와 비등한 숫자이다.

　　　　　빌바오는 미술관뿐만 아니라 도시 전역의 공공디자인을 계획적으로 조직했다. 1995년 노먼 포스터가 디자인한 빌바오 지하철, 산티아고 칼라트라바가 디자인한 빌바오 공항 터미널, 세사르 펠리가 설계한 수변공간 등은 도시 전체를 아름다운 디자인으로 변화시켰다. 또한 눈여겨볼 점은 도시 교통계획의 중심에 자동차가 아닌 대중교통을 놓았다는 점이다. 빌바오의 지하철은 구도심과 도심 외곽을 편리하게 연결해 주며, 트램은 구도심 중심부와 강변의 새로운 개발지역을 연결하여 양쪽 모두가 균형 있게 발전할 수 있도록 돕는다. 보행자들이 다니는 도로의 경우, 콘크리트로 된 삭막한 길이 아닌 잔디 등의 녹지로 조성한 구간이 상당히 많다. 수변공간을 따라서 길게 이어진 자전거 도로와 보행자 전용 다리는 네르비온강을 충분히 즐길 수 있는 명소가 되기도 했다.

하지만 빌바오 네르비온강에서는 여전히 홍수가 일어난다. 물론 1983년에 일어났던 대홍수만큼은 아니지만 종종 도로가 침수되는 부분 홍수가 일어나곤 한다. 예를 들면 2008년의 홍수와 2009년 빌바오 외곽지역의 도로가 물에 잠겼던 사례가 있다.● 최근에도 기후위기로 인해 스페인 도심지역에 극한의 비가 내려 도시가 부분적으로 침수하는 일이 잦다. 2023년 9월 빌바오와 근접한 마드리드에서는 12시간 동안 m²당 120L의 장대비가 쏟아졌다. 당시 폭우로 인해 다리 6개가 붕괴될 정도였다. 동시에 스페인 영토의 27%는 기후 변화, 그리고 과도한 물 개발, 지하수 추출 등 인간의 활동에 의해 이미 가뭄 '긴급' 및 '경보' 범주에 속하며, 74%는 사막화 위험에 처해 있다. 빌바오 개발이 쇠퇴한 공업단지를 전 세계 시민이 찾는 문화도시로 만든 것에는 성공했지만, 빌바오를 비롯한 도시들을 기후위기로부터 안전한 도시로 만들지는 못한 것이다.

  이러한 도시적 한계는 '한강 다이어트'로서 마케마케 프로젝트의 추진체다. 우리는 마케마케 프로젝트를 통해 도시의 수변공간을 지속 가능하게 설계하기 전에 물에서 비롯되는 문제를 근본적으로 해결하는 단계를 거친다. 지하의 탱크와 링로드를 통해 홍수 시 물을 저장하고 갈수 시 물을 활용하는 시스템을 일으키는 것이다. 이러한 물에 대한 시스템이 존재한 이후 수변공간에 대한 설계를 진행하면 보다 더 영구적이고 안정적인 삶의 토대를 만들 수 있을 것이다.

사례 3. 엘베강:
홍수와 슬럼화를 막아 하펜시티를 만들다

또 1가지 살펴볼 사례는 독일 함부르크에 위치한 신도시 하펜시티의 사례다. 함부르크는 북유럽 교역의 중심지로서 독일 제1의 항구도시였다. 독일은 2차 세계대전 이후 서독과 동독으로 나뉘면서 각 주의 영역을 완전히 개편했다. 하지만 함부르크는 예로부터 무역을 기반으로 성장해 영주의 지배를 받지 않는 자유도시로, 위의 개편에 포함되지 않았다. 이는 신성로마제국 시절부터 규제의 압박 없이 무역에 나설 수 있도록 한 프리드리히 1세의 조치가 있었기 때문이다.

이후 급격한 세계화를 거친 지금까지도 함부르크는 독일 안에서 도시주의 지위를 차지하고 있다. 이는 단순히 인구가 많기 때문만이 아니라 특정 지방에 속하지 않는 도시로서의 지위를 오랫동안 이어 왔기 때문이다. 한편 1990년대 이후 함부르크는 세계의 물류 허브로 급격히 성장하면서 항만 기능을 도시로부터 분리하기에 이른다. 도시에서는 항만의 경제적 효과를 활용하면서도 항만 기능의 직접적인 영향권 밖의 소권역들이 주요한 사회경제적 공간으로 떠올랐다. 독일 수출입 물량의 90%를 처리하는 중계 무역지로서 함부르크는 항만·상업·공업이 혼재된 형태로 발전했지만, 산업의 흐름에 따라 항만 기능은 점점 쇠퇴하며 슬럼화됐다. 함부르크는 엘베강의 만조 시에만 대형 선박이 드나들 수 있었기에 인근 네덜란드의 로테르담,

벨기에의 안트베르펜과 비교해 경쟁력이 떨어지기도 했다. 당시 엘베강 근처에는 홍수가 자주 일어나 사람들의 거주공간으로서도 입지가 낮아질 수밖에 없었다. 이러한 배경 속에서 함부르크시는 수변공간의 장소성을 누리면서도 구도심에 활력을 불어넣고, 항만 기능 외에 상업·문화·주거시설을 확충하기 위한 목적으로 신도시 설계에 임한다. 그것이 하펜시티이다.

하펜시티 프로젝트는 침체된 함부르크항 일대를 상업·주거·문화 등의 새로운 기능을 지닌 항구(독일어로 'Hafen')도시로 재생하는 사업이다. 건설 대상지는 19세기 중반까지 구도심의 성곽 밖에 위치해 있던 두 섬이었다. 함부르크시 정부는 항구의 북쪽과 남쪽, 도심부를 연결하는 지하철 노선 계획(U4)을 구축했고 엘베강을 사이로 다수의 교량을 연결해 기존 도심과 조화할 수 있는 길을 모색했다.

1997년 하펜시티 프로젝트가 발표된 후 2000년 유동적인 마스터플랜이 만들어졌고 2010년 수정안이 나왔다. 하펜시티 설계에서 가장 주목해야 할 점은 설계의 각 단계를 시간이 걸리더라도 탄탄히 다져 나갔다는 점이다. 수정안의 내용에는 2025년까지 1만 5,000명이 사는 주거지 7,000호를 건설하고, 기업 800곳을 유치해 일자리 4만 5,000개를 만들겠다는 목표가 담겼다. 주목할 만한 점은 전체 면적의 25%가 공원, 산책로 등의 오픈스페이스로 조성되었다는 점이다.

1910년에 발행된 함부르크 구도심지역의 지도. 함부르크는 항만을 중심으로 호황을 누렸으나, 점차 항만의 기능이 쇠퇴하며 슬럼화되었다. (출처: 위키미디어커먼스)

하펜시티 구도심(좌)이 강변을 따라 점차 확장된 모습(우).
현재 하펜시티 면적의 40%는 새롭게 확장된 것이다. 이 중 45%는
오픈스페이스(광장, 공원, 산책로 등)로 활용되고 있으며,
건물이 32%, 도로가 23%를 차지하고 있다.

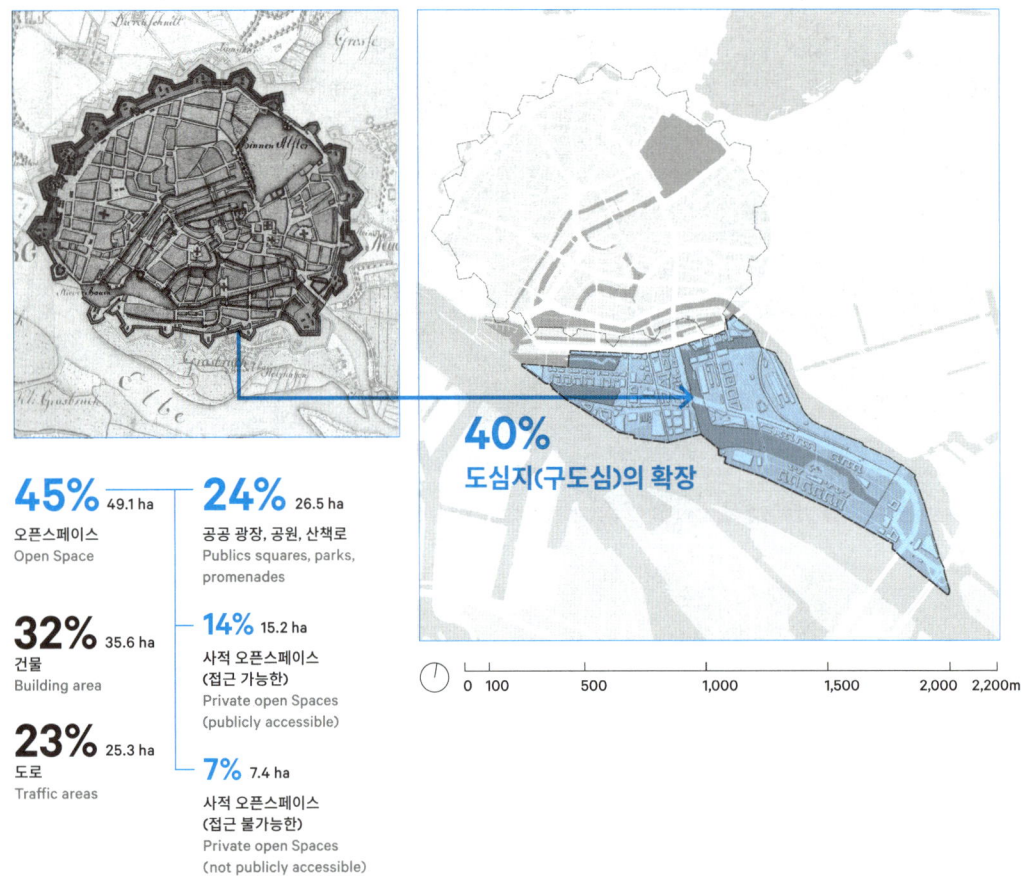

45% 49.1 ha
오픈스페이스
Open Space

32% 35.6 ha
건물
Building area

23% 25.3 ha
도로
Traffic areas

24% 26.5 ha
공공 광장, 공원, 산책로
Publics squares, parks, promenades

14% 15.2 ha
사적 오픈스페이스
(접근 가능한)
Private open Spaces
(publicly accessible)

7% 7.4 ha
사적 오픈스페이스
(접근 불가능한)
Private open Spaces
(not publicly accessible)

40%
도심지(구도심)의 확장

또한, 하펜시티는 주거·교육·상업·업무·여가·문화시설 등이 골고루 계획된 도시로서, 전통적인 건물 카이슈파이허(Kaispeicher)를 현대적 문화공간으로 탈바꿈했다. 카이슈파이허는 1875년에 건축된 네오고딕 양식의 창고였는데 1966년부터는 코코아나 차, 담배를 보관하는 용도로 사용되었다. 지역의 랜드마크이기도 한 이 건물을 엘베 필하모닉 콘서트홀로 디자인한 것은 헤르조그 앤 드뫼롱이다. 그들은 기존 건물의 각진 형태와 대조되는 유리 소재의 곡률 모양을 적극적으로 활용했다. 이외에도 국제해양박물관, 과학센터 등 공공적 성격이 강하면서도 상징적인 외관의 건축물을 혼합하여 계획해 프로젝트 정체성을 잘 드러낼 수 있었다.

결과적으로 하펜시티는 목표의 절반 이상을 달성했다. 다른 도시보다 주거비가 상대적으로 높지만 젊은 층이 가장 살고 싶어 하는 구역으로 자리 잡았고, 시민들이 자유롭게 접근할 수 있는 공공공간의 비율을 38%로 높였다. 하지만 시 정부가 100% 땅을 소유하고 시작한 프로젝트인데도 함부르크시의 주택난을 해소하지 못했으며 오히려 주거비를 올렸다는 점에서 비판의 목소리가 존재한다. 그럼에도 장장 25년이라는 시간 동안 단계별로 설계안을 짜고 총 6단계에 걸쳐 실현시켜 나갔다는 점은 좋은 선례로서 참고할 만하다.

함부르크의 무역이 활발하던 시절, 코코아나 차, 담배 등을 저장하던
창고 건물 카이슈파이허 (출처: 위키미디어커먼스)

카이슈파이허 창고 건물을 활용하여 상부를 새롭게 디자인한
엘베 필하모닉 콘서트홀의 모습. 현재 하펜시티의 새로운 랜드마크가 되었다.

한강에 잠겼던 풍류와 아취의 마을, 우천리가 되살아난다면?

마케마케 프로젝트를 통해 새로이 생기는 대지는 한강변에만 있지 않다. 감물에 가라앉았던 경기도 지역의 대지도 있다. 바로 우천리 소내섬이다. 이곳은 경기 광주 남종면에 있던 지역으로 1960~1970년대 산업화, 도시화의 물결 속에 생겨난 팔당댐의 건설로 수몰되었다. 마케마케 프로젝트로 한강 물을 통제하면 오래전 가라앉았던 우천리의 대지 8.6km²를 활용할 수 있다. 우천리는 우시장이 번성했다고 하여 붙여진 이름이다. 그만큼 대지가 넓고 비옥해서 양질의 풀이 많았고 소를 기르기에 최적의 조건이었다. 당시에는 소를 치는 목동들이 따로 있었고 용늪에서 들려오는 목동들의 피리소리는 귀여8경 현재 팔당물안개공원 지역은 귀여섬으로 불렸는데, 이곳의 8가지 아름다운 경치를 말함 중 하나였다. 또한 우천리의 소내나루와 소내장터는 많은 물자가 오가는 교통과 물자의 중심지라 많은 사람이 이곳을 드나들며 거주했다고 알려진다.

물속에 사는 것은 어떤 것일까 / 공포와 시련과 고독과 미련과 허망과 아련함이 / 하루 종일 비처럼 내리는 / 오늘이 뼈끔거린다 / 당신이 갇혀버린 물의 도시 / 책한 권을 뽑았다 / 사서는 빈틈을 메우는 대신 한쪽으로쓱 밀어버렸다 / 발이 닿지 않는 / 바닥없는 허공으로 / 활자들이 녹아 / 잊히지 않는 기억들이 / 편지를 쓴다 / 기포가 올라왔다

황병욱 시인의 시 「물의 도시」 일부다. ● 그는 사라진 마을 우천리를 배경으로 잊히고 사라진 것들을 재편성한 시를 써냈다. 물에 가라앉은 우천리를 상상하며 편지를 쓰는 화자는 마침내 강으로부터 올라오는 '기포'를 본다. 아마도 우천리는 당시 마을 사람들의 마음에 드문드문 떠오르는 기포 같은 존재가 아닐까? 마케마케 프로젝트는 새로운 대지를 만드는 것만큼 주민들 마음속에서 언제나 '뼈끔거리는' 우천리를 되살리는 일을 중요한 과제로 삼는다. 그 마을의 회복은 직접 거주했던 주민들의 추억을 되찾는 일일 뿐만 아니라 한강의 자연과 더불어 살았던 인간적인 마음에 불씨를 얹는 일이기 때문이다.

팔당댐으로부터 두 줄기 물을 빼내는 링로드를 설치하면, 244,000kt의 물이 링로드로 옮겨져 8.6km²의 우천리의 대지를 되찾을 수 있을 것이다. 뿐만 아니라 이러한 링로드는 중수를 생산하며, 전력에너지도 생산해 낼 수 있다.

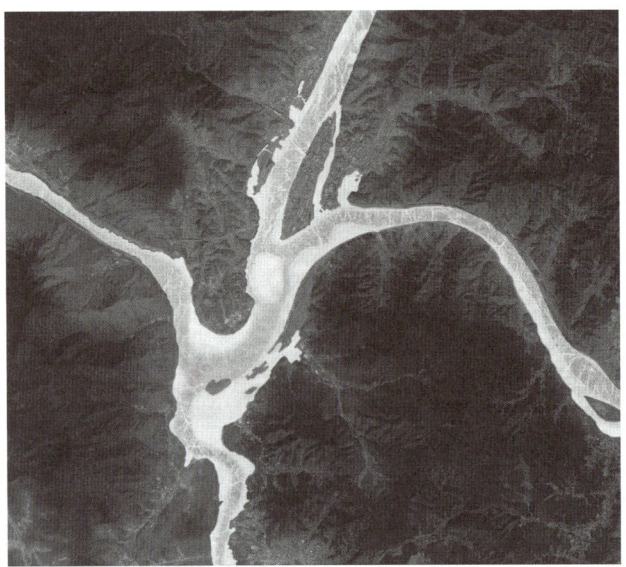

경기도 광주시 남종면 우천리 454-886

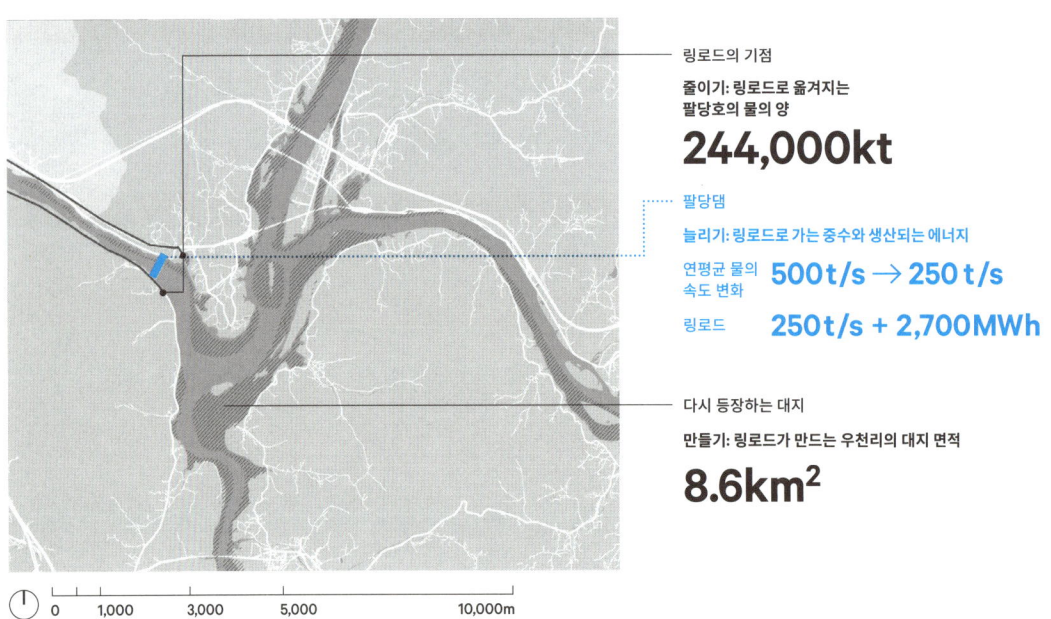

링로드의 기점
줄이기: 링로드로 옮겨지는 팔당호의 물의 양
244,000kt

팔당댐
늘리기: 링로드로 가는 중수와 생산되는 에너지
연평균 물의 속도 변화   500t/s → 250 t/s
링로드   250t/s + 2,700MWh

다시 등장하는 대지
만들기: 링로드가 만드는 우천리의 대지 면적
8.6km²

마케마케 프로젝트를 진행하면, 홍수나 강의 범람에 자주 침수했던 우천리는 영구적이고 건축적인 기반이 될 수 있을 것이다. 한강의 물을 충분히 통제할 수 있기 때문이다. 아름다운 삼각주에는 자연스럽게 퇴적된 고운 모래가 있을 것이고, 사람들은 도심과 가까운 휴양지로서 우천리를 즐길 수 있을 것이다. 마치 파리 도심 한복판에 만든 해변, 파리 플라주처럼 말이다.

파리 플라주는 프랑스 파리 센강에 모래사장을 만들어 여름의 더위를 식힐 수 있도록 만든 곳이다. 파리 플라주는 여름휴가를 중요하게 생각하는 파리 시민들에게 매해 큰 사랑을 받고 있다. 큰돈을 들여 프랑스 남부나 유럽의 어느 나라로 휴양을 떠나지 않아도 도시 속에서 여유로운 바캉스를 즐길 수 있다. 우천리 역시 조선시대 때부터 명성을 떨친 역사적 인물들의 별서_{휴양을 위하여 경치 좋은 터전을 골라 집과 별도로 마련한 건축물}가 많았던 곳이다. 조선의 문신이었던 신익성의 별서 창연정이 대표적인 예라고 할 수 있다. 신익성은 한문사대가로 이름을 떨친 신흠의 아들로, 그가 우천리에 지었던 창연정은 주변 풍경을 즐기기 위해 강변 언덕에 지은 아름다운 정자였다. 마케마케 프로젝트를 통해 한강의 수량을 컨트롤하면 자연스럽게 팔당댐의 수량도 줄어들게 될 것이다. 오랫동안 강 아래 잠을 자고 있던 아름다운 마을 우천리가 다시 돌아온다면 강의 풍광과 여유를 만끽할 수 있는 도시인들의 별서가 될 수 있을 것이다.

파리 플라주의 모래사장과 그늘에서 휴식을 취하거나, 강변을 산책하는
파리 시민들의 모습

물을 더 알뜰하게 쓰는 법, 중수 활용

마케마케 프로젝트의 핵심 과제 중 하나는 중수의 활용량을 늘리는 것이다. 중수란 수자원의 재활용을 전제로 한 개념으로, 가정의 하수에서 오수를 제외하고 부가적 정수시설로 정수 가능한 물을 말한다. 중수도는 사용한 수돗물을 생활용수, 공업용수 등으로 재활용할 수 있도록 다시 처리하는 시설이다. 다시 말하면, 〈우수 → 하천 → 취수 → 1회 사용 → 배출 → 하천 → 해양〉으로 이어지는 현재의 물순환 체계에서 인공적으로 물순환을 가속시키는 방법으로, 즉 배출 단계 전에 〈처리 → 재사용〉의 단계를 추가하여 수자원을 합리적으로 이용하는 것이 바로 중수도의 개념이다.● 구체적으로 보면 빌딩 잡배수, 수세식 변소 배수, 냉동 냉각 배수, 하수처리수, 오염된 하천수, 우수, 지하수, 해수 등의 원수를 중수 처리하여 생활용수, 공업용수, 농업용수, 화장실 세정용수, 청소용수, 조경용수로 재활용하는 것이다.

우수, 하천, 취수의 과정을 거쳐 1회 사용한 수돗물을 중수로 처리하면, 냉각용수, 소화용수, 변기용수, 세척용수, 조경용수 등으로 활용할 수 있다. 중수의 사용은 환경에 도움이 될 뿐 아니라, 대규모 댐 하나를 건설하는 것과 같은 효과를 낸다.

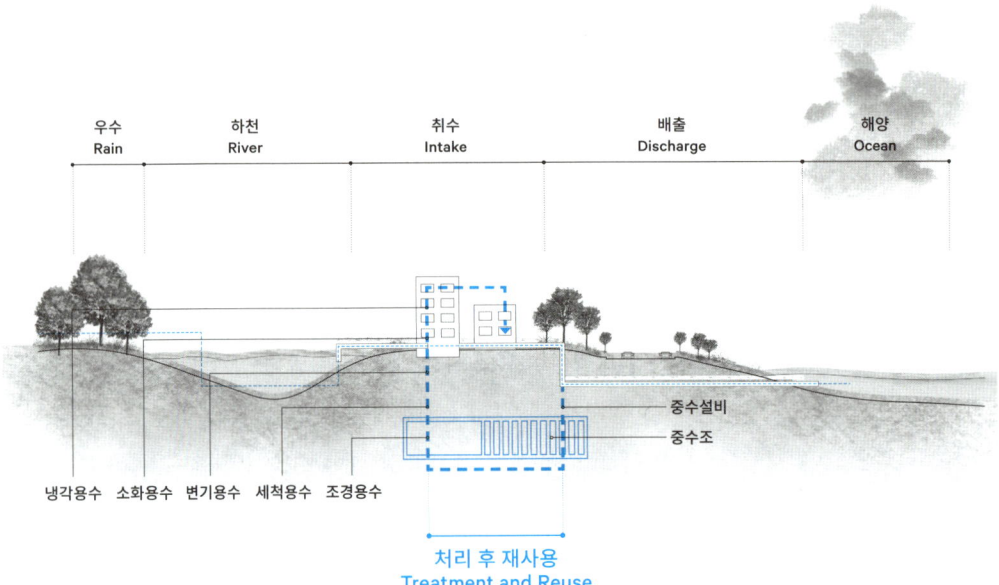

특히 점점 더 규모와 발전을 거듭하는 IT산업 분야에서도 물 전쟁이 벌어질 예정이다. 세계 1위 반도체회사 TSMC가 있는 대만은 기후위기로 인한 물 부족으로 반도체 생산량을 맞추지 못해 글로벌 반도체 업계에 타격을 입힌 적이 있었다. 반도체 생산 시 불순물을 제거한 초순수가 없으면 공정이 멈출 수밖에 없기 때문이다. TSMC에서 세정, 식각 공정 등 전 공정에 사용하는 공업용수의 양은 하루 20만 톤 정도가 된다. 국가적으로 지원하는 IT산업의 안정적인 성장을 위해서라도 물을 관리하고 사용하는 데 촉각을 곤두세워야 한다.

한편 IT기업들은 거대한 데이터센터를 갖고 있는데, 이를 냉각하는 목적으로 엄청난 양의 물을 사용한다. 탄소중립을 위해서라면 공기냉각 같은 방법을 사용하는 것보다 물로 냉각하는 것이 전력 사용량을 약 10% 정도 감축할 수 있기 때문이다. 일반적인 데이터센터는 하루에 300~500만 갤런의 물을 사용하는데 이는 인구가 3~5만 명인 도시의 물 소비량과 맞먹는다.● 이를 위해 구글 같은 기업은 해수나 재생 폐수 등 담수 대체품을 냉각수로 사용하려고 추진 중이며 사무실에서는 음용수를 제외한 다른 목적으로는 주로 빗물이나 처리한 폐수를 사용할 것을 권고한다. 중수를 사용하면 절수 효과가 매우 좋을 뿐 아니라 중수도 사용이 활성화될 경우 대규모의 댐을 하나 건설하는 것과 같은 효과를 얻을 수 있을 정도다.

마케마케 프로젝트에서 상수도 하수도 아닌 중수에 초점을 둔 이유는 다음과 같다. 우리나라의 연간 수자원 총량 1,264억m³ 중 총 이용량은 366억m³으로 약 29%이다. 나머지는 그대로 바다로 흘러가거나 증발하는 것으로, 손실되는 양이 상당하다. 총 이용량 중 하천유지수량으로 사용되는 122억m³을 제외하면 생활용수로 74억m³(30%), 공업용수로 16억m³(7%), 농업용수로 154억m³(63%)를 사용한다. 수자원 이용량 중 농업용수와 생활용수가 가장 많은 비율을 차지하는데, 이는 중수의 활용 가능성을 기존보다 높일 수 있다는 지표가 된다. '물환경정보시스템'의 생활용수 용도별 분석에 의하면 변기용(25%), 싱크대용(21%), 세탁기용(20%) 등 순으로 사용하는 것으로 집계된다.● 가장 많은 비율을 차지하는 변기용의 경우 중수로 대체해도 무방하다. 이처럼 중수는 하천 등의 공공수역에 방류하는 하천유지수량뿐만 아니라 생활용수, 공업용수, 농업용수, 환경용수 등으로 사용할 수 있기에 물 순환의 고리를 늘려 환경 친화적이다. 또한 해가 지날수록 집중호우 일수와 수자원 손실량이 느는 추세인데, 링로드와 지하탱크를 통해 빗물을 모으고 갈수기 때 중수를 활용한다면 수자원을 효과적으로 사용하는 데 큰 도움을 줄 것이다.● 마케마케 프로젝트에서 중수는 기존의 수자원 손실량을 줄이면서 동시에 1번 쓰고 버린 물을 다시 활용할 수 있는 알뜰한 전략이다. 지구의 수자원 총량이 줄고 있지만 물 소비량은 같거나 늘어나는 상황에서 중수를 중요하게 논의해야 하는 것은 어쩌면 당연한 일이다.

물 부족 문제가 점차 대두되는 상황에서 전 세계 각국은 중수를 적극적으로 활용하는 방안을 모색하고 있다.

물을 사용하는 목적에 따라 정수 과정을 달리하면 그만큼 비용을 절감할 수 있기에 빗물처럼 덜 오염된 물을 저장했다가 효율적으로 활용할 수 있는 중수도 시스템이 늘고 있다. 구체적인 중수 이용 목표를 살펴보면, 미국은 2070년까지 모든 물의 80%를 재활용할 계획이라고 한다. 물 재이용 선진국이라 불리는 일본은 2014년 기준 농업용수와 공업용수 재이용 비율이 38%에 이른다. 싱가포르는 공업용수 재이용 비율이 80% 이상이며 미국 아메리카은행 건물은 연간 3천만L의 물을 재이용으로 절약하고 있다.

한국은 중수 활용을 어떻게 하고 있을까? 중수도 분야는 2003년 「하수도법」에 중수도 및 물 재이용 부문이 포함되어 입법 시행되어 왔지만 아직까지 물 재이용 시장에서는 활성화되지 못하고 있다. 2010년 말 기준으로 전국 265개소에서 하루 평균 47만 1,951m^3씩 중수를 만들어 사용 중이고, 265개소 중에서 120개소를 차지할 정도로 서울·경인 지역 내에 많은 사업장과 건물에 설치가 되어 있으나, 정상적으로 가동하고 있는 곳은 과반수가 되지 않는다.● 최근 몇몇 지자체에서도 빗물이용시설 설치사업을 적극 권장하고 있지만 그 관리는 매우 허술한 것으로 드러났다. 2016년 기준 전국에는 2,043개 빗물이용시설이 설치돼 있는데 이들 중 시설 효율 측정에 필요한 계측정보가 제대로 파악되는 시설은 단 7%(152개 시설)인 것으로 나타났다.●

국내 중수도 보급율이 낮은 이유는 그동안 수돗물 값이 너무나 저렴하여 중수도를 이용하는 것이 깨끗한 수돗물을 이용하는 것보다 오히려 더 비쌌기 때문이다.● 중수를 이용하기 위해서는 처리시설을 갖추고 별도의 배관망을 설치해야 하며 꾸준한 유지관리 비용이 든다. 개인 단위였던 중수도 설치를 도시 단위로 새롭게 구축하는 것이 마케마케 프로젝트의 핵심 과제 중 하나인 이유다. 기존의 상수도, 하수도 시스템이 우수한 것은 분명하지만, 중수 활용의 메커니즘이 비어 있다고 봐도 무방하다. 이에 마케마케 프로젝트는 지구에 존재하는 물을 한층 더 잘 순환시킬 수 있는 새로운 판을 짜는 것을 목표로 한다. 서울의 링로드와 지하탱크는 폭우로 내린 상당량의 물을 마치 메마른 모래 언덕에 손가락을 쫙 펼쳐 뻗듯이 효율적으로 분배할 것이다.

마케마케 프로젝트에서 중수 활용은 크게 2가지 방식으로 다뤄진다. 첫 번째는 링로드를 거쳐 지하탱크에 저장된 우수를 활용하는 것이다. 여름철 폭우가 닥치면 많은 양의 빗물과 불어난 한강물을 링로드로 빼낸다. 지하탱크에 집수한 물은 갈수기 때 중수 처리 과정을 거쳐 식용수를 제외한 다양한 용도로 사용한다. 이 과정에서 우리는 불필요한 정수 처리 과정을 배제해 비용을 절약할 수 있으며 물을 효율적으로 재이용할 수 있는 선순환 구조를 만들 수 있다. 두 번째는 에코돔 내에서 자체적으로 집수한 중수를 활용하는 방식이다. 마케마케 프로젝트를 통해 서울 곳곳에 설치할 에코돔은 기후적 재난과 수자원이 부족한 미래를 위한 복합 인프라스트럭처●다. 돔의 지하에는 18만 톤 규모의 탱크를 설치해 빗물을 모으고 저장하며 순환할 수 있도록 한다. 저장된 물은 돔 내 주민들이 재이용할 수 있는 중수의 공급원이 될 것이다. 이를 친환경적으로 이용할 수 있는 제안으로 중수를 스마트팜에 활용하는 방안이 있다. 스마트팜은 정보통신기술을 이용하여 원격·자동으로 작물의 생육 환경을 적정하게 유지·관리하는 농장으로, 도시 내 크고 작은 공간에서 시도해 볼 수 있다. 이는 전 세계가 탄소중립을 목표로 환경 부담을 저감시키고 기후위기를 극복하기 위한 중요한 수단 중 하나로 꼽힌다. 이를테면 지름 1km 에코돔의 총 면적 18.67km² 중 5km²를 스마트팜으로 배치하며 돔 내에서 생성한 전기에너지를 활용해 분무경 방식으로 작물을 재배할 예정이다. 분무경이란 양액재배의 한 종류로 공기에 노출된 뿌리에 영양액을 분무하여 재배하는 방식을 뜻한다. 영양액 분무 주기와 양을 조절하여 작물이 자라는 속도를 조절할 수 있고 비교적 좁은 면적에도 설치 가능하다는 장점이 있다. 현재의 기술 수준으로는 스마트팜에서 1km² 면적당 작물 7만 5천 톤을 매해 수확할 수 있을 것으로 예상된다. 결과적으로 돔은 주거공간을 포함해 도시를 이루는 인프라를 현재보다 더 높은 밀도로 구성함에도 그 안에 사는 사람들이 현재보다 더 쾌적한 삶을 영위할 수 있는 대전환적 형태의 터전이 될 것이다.

이산화탄소 배출량 중 건물 운용 및 건설 부문이 38%를 차지하고 있는 가운데, 10년간 건물 용적은 21% 증가하고, 에너지 소비 증가율은 7% 증가했다.

부문별 이산화탄소 배출 비중
(단위: %)

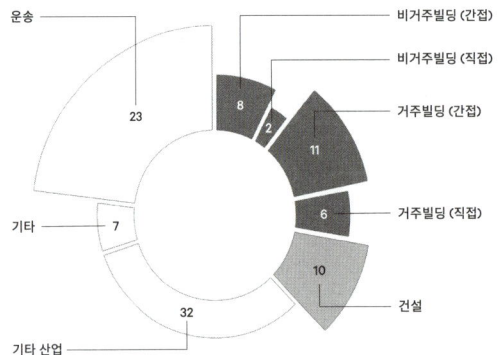

건물 관련 에너지 소비와 이산화탄소 배출 추이

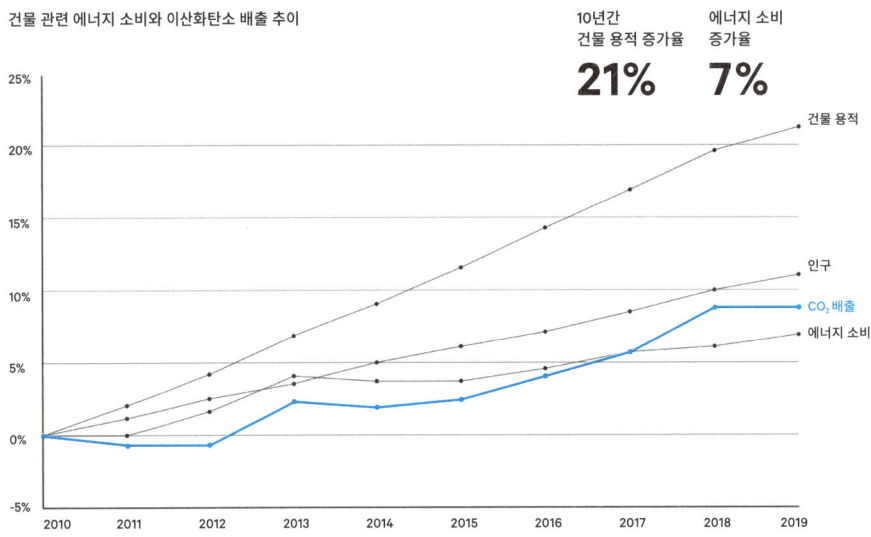

육백미터 한강 다이어트

물로 일으키는 에너지

유엔환경계획(UNEP)이 세계건축및건설연맹(Global ABC)의 '2020년 현황 보고서'를 인용한 바에 따르면, 전 세계 온실가스_{지구온난화를 유발하는 이산화탄소, 메탄, 아산화질소 등의 가스를 이르며, 그중 이산화탄소가 전체 온실가스 배출의 80% 이상을 차지함} 배출의 약 40%가 건축물에서 비롯된다. 또한 기후위기가 점진적으로 확대되면서 폭염, 열대야, 한파, 폭우 등으로부터 건물이 피해를 입는 사례가 많아지고 있다. 이는 건물의 수명을 줄이는 재산상 피해를 늘릴 뿐만 아니라 거주 쾌적성을 떨어뜨려 건물의 냉난방 에너지 수요를 높이기에 기후위기를 더욱 가속화하는 악순환으로 이어진다.● 이런 이유로 제로 에너지 건축에 대한 관심과 수요가 높아지고 있다. 제로 에너지 건축물(zero energy building)은 말 그대로 에너지를 쓰지 않는 건물이지만, 에너지를 전혀 사용하지 않는 건물을 의미하는 것은 아니다. 건물에서 에너지를 사용한 만큼 에너지를 생산해서 에너지 사용과 생산의 합이 '0', 제로가 되는 건축물을 의미한다.

마케마케 프로젝트를 통해 설치하는 링로드 내의 낙차를 활용하면
연간 최대 54만MWh의 전력이 생산 가능하다.
이는 서울시 연간 공공전기 사용량의 15%가량을 충당할 수 있는 양이다.

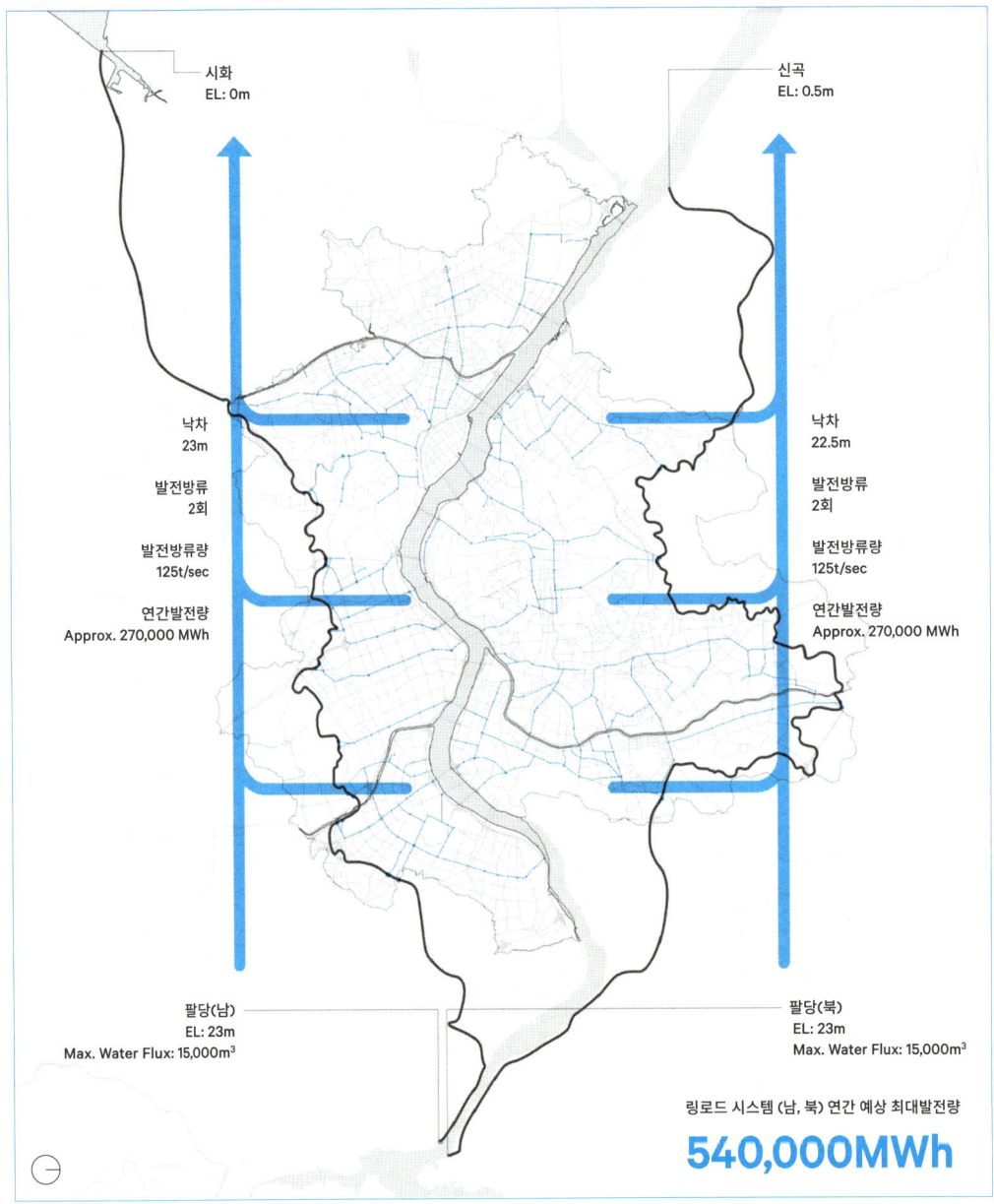

마케마케 프로젝트 역시 에너지의 생산과 사용의 양이 '0'에 수렴하는 지속 가능한 형태를 지향한다. 에너지 생산과 관련한 주요한 방법은 다음과 같다. 첫 번째는 서울 지역 링로드 아래 설치될 가장 큰 물탱크에 우수 및 강물을 저장한 후 시화호와 신곡유수지까지 독자적인 루트를 이용해 빼내는 것이다. 이러한 배수 과정에서 우수 및 강물은 지하탱크의 계단식 낙차를 활용하여 수력발전을 일으킬 계획이다. 물 안에는 생각보다 많은 에너지가 숨어 있다. 높은 곳에 있는 물은 많은 양의 중력위치에너지를 갖고 있는데, 물이 떨어지면서 중력위치에너지는 운동에너지로 바뀌게 된다. 링로드 내 약 22m 높이의 낙차를 2회 활용하여 연간 최대 54만MWh의 전력을 생산할 수 있다. 이는 1년 동안 한강을 이용한 수력발전의 총량을 약 1.5배 정도 늘릴 수 있는 양이며, 2022년 기준 서울시의 연간 공공 전기 사용량의 15%가량을 충당할 수 있는 양이다.

두 번째는 물탱크 내 저장수를 전기분해하는 방식이다. 물을 전기분해하면 수소와 산소로 나뉘는데, 이를 각각 에너지원으로 활용할 계획이다. 수소에너지는 최근 들어 청정에너지원으로 각광받는 중이다. 수소를 연료로 하는 수소연료전지는 수소와 산소의 화학반응을 일으켜 전기를 생산하는데, 이때 환경오염 물질은 전혀 배출하지 않고 부산물로 오직 순수한 물만 배출하기 때문이다. 또한 수소와 연료전지만 있다면 전기에너지가 사용되는 모든 분야에 쉽게 적용할 수 있다는 장점이 있다. 수소는 생산 방식과 친환경성 정도에 따라 그레이수소, 블루수소, 그린수소로

나뉜다. 현재 생산되는 수소의 약 96%는 화석연료로부터 수소를 생산하는 그레이수소다. 그레이수소는 천연가스의 주성분인 메탄과 고온 수증기의 촉매 화학반응을 통해 만들어지는데, 약 1kg의 그레이수소를 생산하기 위해 이산화탄소 10kg이 배출된다. 블루수소는 그레이수소와 생산 방식은 동일하지만, 이산화탄소를 대기로 방출하지 않고 포집 및 저장 기술을 이용해 따로 저장한다. 그레이수소보다는 친환경적이지만 이산화탄소를 완전히 제거하진 못한다는 한계가 존재한다.

마케마케 시스템에서 만들어 내는 수소는 그린수소를 목표로 한다. 그린수소는 물의 전기분해를 통해 얻어지는 수소로, 신재생에너지를 통해 얻은 전기에너지를 물에 가해 수소와 산소를 생산하는 과정을 거친다. 전 세계 각국은 그린수소 생산을 미래의 궁극적인 청정에너지원으로 주목하고 있다.● 수소에너지와 함께 발생한 산소는 마케마케 시스템이 주거공간, 상업공간 등의 인프라스트럭처로 확장되게 하는 중요한 연결고리가 될 것이다.

마케마케 프로젝트를 통해 확보된 토지 위에 새롭게 세워질 새로운 도시와 녹지의 모습
(여의도의 예)

여의도 지역에 새로 생겨나는 녹지로, 강에 가까울수록 숲의 밀도가 높아지도록 디자인했다.
도시에 가까울수록 건물이나 광장 등 사람들이 사용할 수 있는 공간의 부지가 넓어진다.

강수욕, 요트 정박장, 야외공연 무대, 캠핑장, 산책로 등 수변공간을 적극 활용하는
다양한 액티비티를 위해 디자인한 용산구 동부이촌동 지역

CHAPTER 2　　　　　　　늘리기　　　　　　　135

에코돔 바로 근처에 수변공간을 즐길 수 있는 장소를 마련했으며, 기존의 올림픽대로 위를 지나는 대지를 만들어 보행로가 끊기지 않고 유려하게 흐르도록 디자인했다.

에코돔이 있는 잠실의 도심지역에서는 넓은 그린스페이스에서 자전거 라이딩, 조깅, 배드민턴 등 다양한 실외활동을 즐길 수 있다.

CHAPTER 3   만들기

마케마케 프로젝트를 통해 확보한
강변 토지 위에 상업시설, 업무시설, 주거시설로
구성한 원형의 에코돔을 제안한다.
에코돔은 단순한 건축물을 넘어서
기후위기 시대의 라이프스타일을 제안하는 모델이다.
미세먼지, 폭염, 폭우 등 위해환경으로부터
안전한 삶의 터전을 만드는 것을
목표로 한다. 동시에 에코돔 내에서
자급자족할 수 있는 에너지를 만들고 폐기물은 거의
내놓지 않는 새로운 삶의 시스템을 만들고자 한다.
이번 장에서는 에코돔에서 실현할 수 있는
다양한 삶의 방식을 상상해 본다.

모두를 위한 도시, 에코돔

마케마케 프로젝트는 물 부족 문제와 살 만한 도시에 대한 탐구에서 시작했다. 전체적인 맥락에서 이 2가지는 탄소중립과 기후위기, 나아가 지구의 지속 가능한 순환과 긴밀히 연결돼 있다. 마케마케 시스템 내에서 에너지를 생산하는 이유이다. 현재도 탄소감축을 목표로 하는 개별 건물은 많지만 그 규모로는 일정 수준 이상의 탄소감축 효과를 기대하기 어렵다. 또한 앞서 언급한 수소에너지 중에서도 가장 청정에너지원에 속하는 그린수소의 경우, 시스템 구축 비용이 높기에 생산이 어렵다. 이에 도시 차원에서 에너지를 자체적으로 생산하고 사용하는 새로운 시스템이 필요하다.

도시경제학자 에드워드 글레이저는 그의 저서『도시의 승리』에서 "도시야말로 가장 인간답고 건강하고 친환경적이며 문화적·경제적으로 살기 좋은 곳"이라고 주장했다.● 21세기의 인류는 도시에 거주하는 동물이다. 앞으로 2030년까지 도시 거주 인구는 60.4%로 늘고 2050년에는 66%에 이르러 전 인류의 3분의 2가 도시인이 될 것으로 보인다. 자연스럽게 인간의 활동 무대인 도시의 영역도 늘어난다. 지금으로부터 100년 전 지구의 3분의 2가 바다인 상황에서 인간은 육지의 약 15% 정도를 사용했다. 하지만 현재 인간의 사용 영역은 19배나 증가했다.● 현재는 남극을 제외한 육지의 77%, 전체 바다의 87%가 인간에게 점령당했다. 이렇게 도시화된 면적이 많아질수록 지표면은 불투수면이 된다.

다시 말해 비가 땅 아래로 투과되지 않아서 지하수로 흐르지 않고 바다로 직행하는 것이다. 지하수의 손실은 자연스럽게 싱크홀, 환경오염, 수자원 고갈 등의 문제로 이어진다.

서울대 지구과학교육과 서기원 교수 연구팀은 인류의 무분별한 지하수 사용으로 21세기 들어 지구 자전축이 80cm 정도 기울어졌다는 연구를 발표한 바 있다.● 이러한 부정적 순환고리를 중단하기 위해서는 인간이 사용하는 면적을 줄여야 한다고 생각한다. 지금보다 좁은 공간에 밀집되어 살되 더 쾌적한 도시를 만드는 것을 지향하는 이유다. 인간은 최소 면적에 밀집해서 살며 나머지 공간을 자연에 돌려주어야 한다. 생물학자 에드워드 윌슨은 지구의 절반을 다른 생명체가 숨 쉴 수 있는 공간으로 놔두어야 한다고 주장한 바 있다.● 앞으로 지속 가능한 거주를 위해 인간은 불필요한 개발을 하지 않고, 특정 지역을 개발할 때에 지역 주민 외에도 비인간 생명체 등 다양한 존재의 목소리와 권리에 귀 기울여야 할 것이다. 역설적으로 한정된 도시공간은 인간이 좀 더 오래 살 수 있는 지구를 만들어 줄 것이다.

개별 건축의 차원을 넘어섰던 바르셀로나의 방사형 도시계획. 마케마케 프로젝트 역시 미래도시에 대한 계획을 구상한다. (ⓒZaldy Camerino)

사우디아라비아에서 추진하는 미래형 신도시 네옴시티의 완공 후 예상 모습. 마케마케 프로젝트 역시 저탄소 스마트시티를 표방하지만, 원형의 돔 도시라는 점에서 차이가 있다. (출처: 네옴시티 홈페이지)

에코돔 크기별로 수용 가능한 인구수를 정리하면 다음과 같다.
규모가 가장 큰(지름 2,600m) 돔의 경우, 20만 명까지 거주할 수 있다.

에코돔 타입

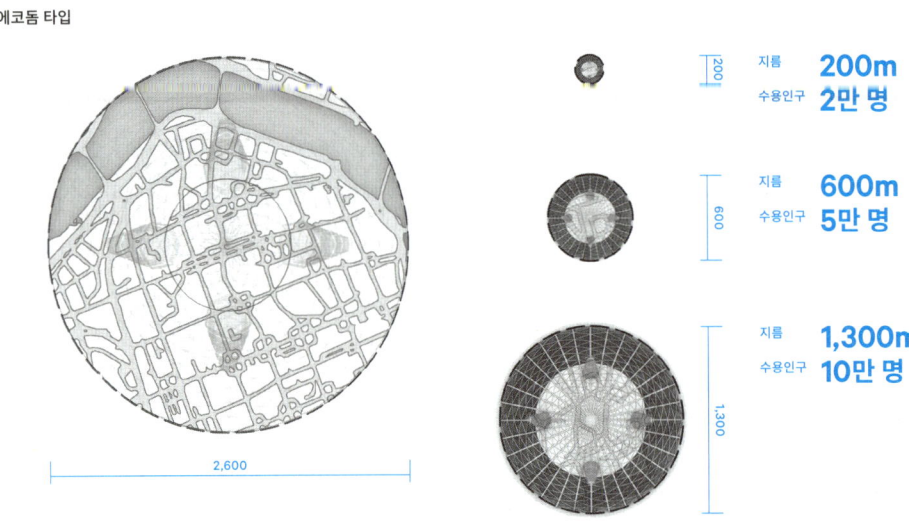

	지름	200m
	수용인구	2만 명

	지름	600m
	수용인구	5만 명

	지름	1,300m
	수용인구	10만 명

	지름	2,600m
	수용인구	20만 명

이러한 맥락에서 마케마케 프로젝트는 단일한 건축의 문제이기보다 좀 더 큰 차원의 도시계획이다. 이를테면 과거 바르셀로나의 방사형 도시계획이나, 최근 사우디아라비아가 발표한 메가신도시 계획인 네옴시티 프로젝트 같은 미래도시에 대한 구상이다. 다만 우리가 많이 접했던 격자형의 전형적인 도시계획이 아니라, 새로운 축적을 바탕으로 원형의 돔 도시를 고안했다. 좁은 돔 내부에서 자급자족할 수 있는 에너지를 만들어 내고 폐기물은 거의 내놓지 않는 삶의 방식을 하나의 새로운 시스템으로 만드는 것이다.

가장 큰 돔의 지름은 2,600m로 서울시 인구분포 면적을 기준으로 약 20만 명이 거주할 수 있을 것이다. 이는 압구정동, 청담동, 논현동, 삼성동, 반포 1·2동에 살고 있는 인구수에 상응하는 규모다. 만약 작은 규모의 지역이라면 최소 직경 200m로 소형 돔을 설치한다. 극단적으로 서울의 대기가 숨을 쉴 수 없을 정도로 나빠진 상태를 가정해 보자. 이런 최악의 상황을 전제로 돔 안에는 눈·비 등 우수를 저장하는 시스템뿐만 아니라, 한강 물을 전기분해하는 에너지 발전 시스템을 두루 갖춘다. 한강의 물을 전기분해한 결과로 생성된 수소는 돔 내부의 새로운 에너지원으로 사용되고 나머지 산소는 내부의 청정한 공기를 지속해서 제공하는 공급원이 된다. 맑은 산소가 공급되는 돔 안에는 상업시설, 업무시설, 주거시설 등이 들어설 예정이다.

타워(The Tower)

지름 2,600m 에코돔에 있는 약 1,000m 높이의 타워는 내부 활동의 클러스터로 기능하며 주거·업무·상업시설 등이 집약되어 있다.
각 클러스터는 도보 5분(800m) 이내로 접근 가능하도록 설계했다.

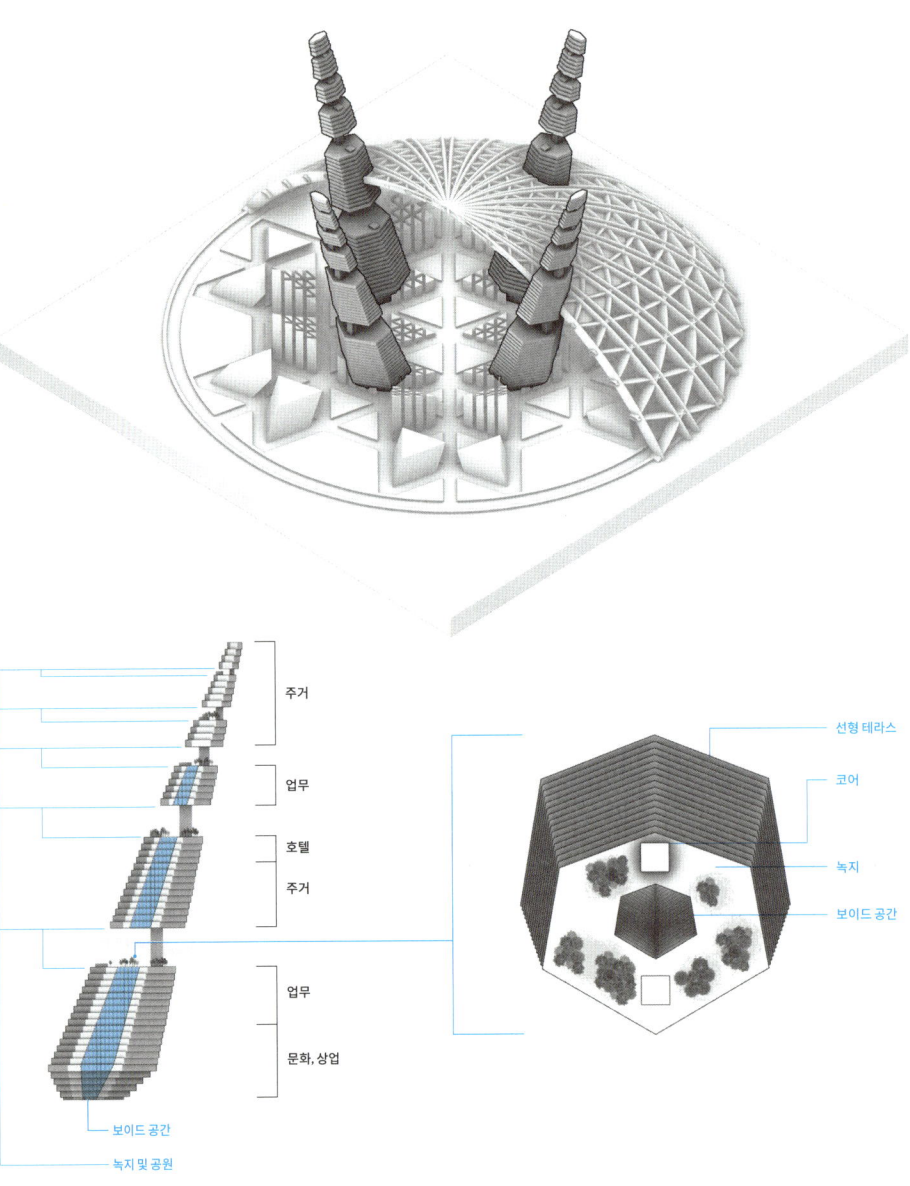

외부 구조체(Exterior Structures)

외부 구조체는 타워와 함께 에코돔의 구조를 지탱하는데, 브레이스는 생활공간, 스마트팜으로 사용되며 에너지를 생산하는 기능을 한다. 또한 립에서는 브레이스에서 생산한 에너지를 바탕으로 산소를 만들어 공급하며 모빌리티 기능을 한다.

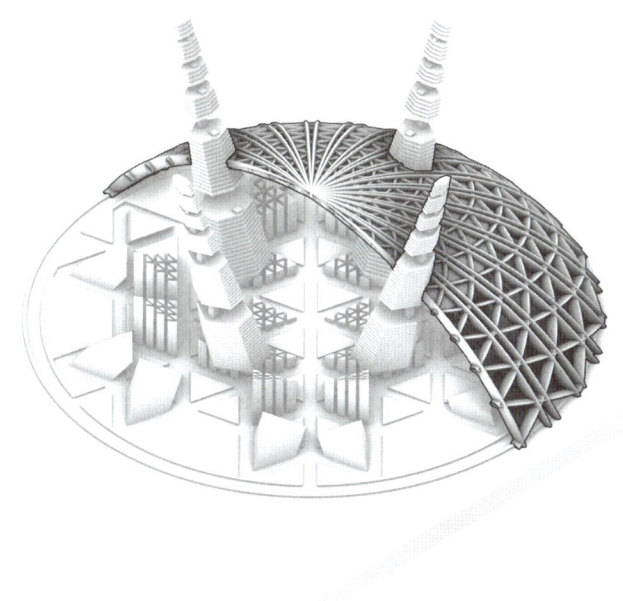

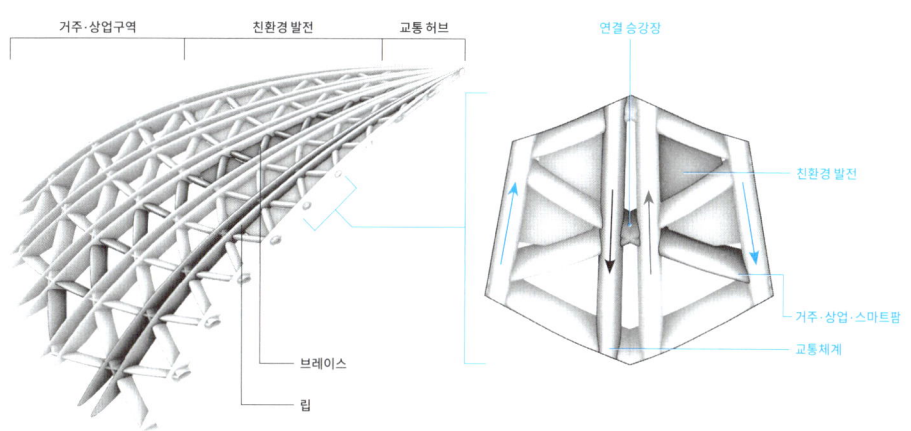

기단부(Base)
에코돔의 기단부는 용도에 따라 공원, 광장, 상업시설 및 스마트팜 등의 각종 시설로 설계될 수 있다.

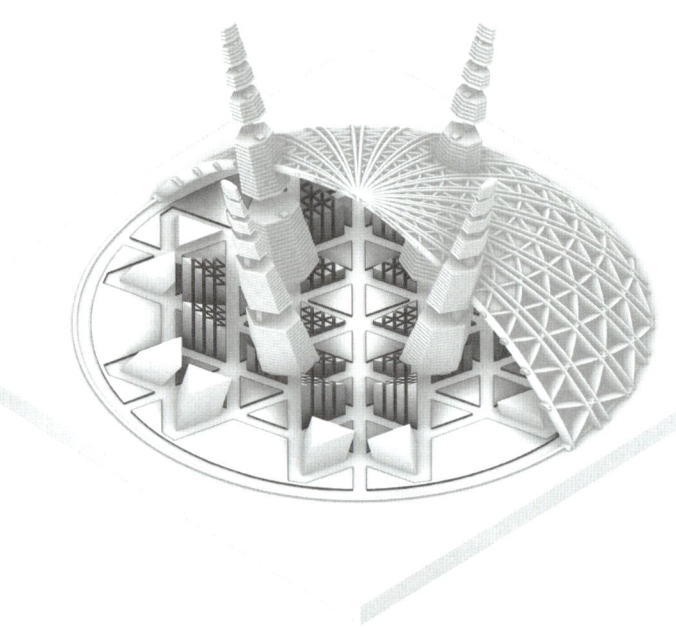

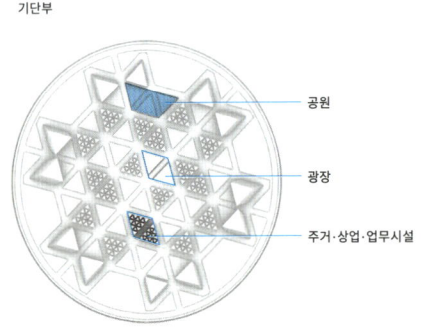

기단부
- 공원
- 광장
- 주거·상업·업무시설

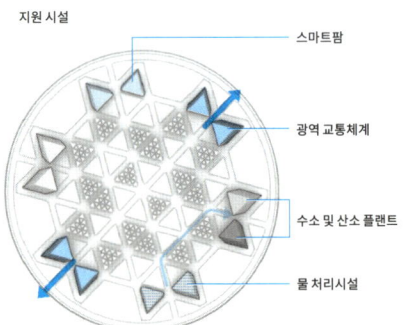

지원 시설
- 스마트팜
- 광역 교통체계
- 수소 및 산소 플랜트
- 물 처리시설

왜 돔인가

돔은 사실 아주 오래전 인류에 의해 개발된 건축 형태다. 우크라이나에서 발견된 원시 형태의 돔은 약 2만 년 전에 지어진 것이다. 동물의 뼈를 겹겹이 쌓아서 만든 이 구조물은 로마인을 만나면서 비로소 건축적으로 변모했다. 로마인들은 6m 두께의 벽돌 벽으로 판테온을 지었으며, 플라미니아 거리의 산탄드레아 예배당 안에도 아름다운 타원형 돔을 넣었다. 돔은 건축용어로 원형, 방형 또는 다각형(특히 8각형)의 방에 붙어 있는 둥근 천장을 지칭한다.●

돔 하면 엑스포에서 흔히 볼 수 있는 대형 건축물이 쉽게 연상될 것이다. 대규모 콘서트와 야구 경기가 진행되는 도쿄 돔이나 우리나라에서 열린 대전 엑스포의 건축물, 대전국립중앙과학관, 서울랜드의 지구별 돔 등이 대표적인 사례다. 이러한 형태를 처음으로 고안한 건축가는 벅민스터 풀러다. 미국의 발명가이자 건축가인 벅민스터 풀러는 당시 세계가 직면한 다양한 문제들에 대해 선구적인 이상으로 획기적인 해결책을 제안한 것으로 유명하다. '최소한의 에너지와 재료로 최대의 가치를 만든다'는 다이맥시언(Dymaxion)의 철학은 그의 사고와 건축 세계의 핵심이다.

돔 건축의 가장 초기 사례는 2만 5천 년 전 매머드의 뼈로 만든 우크라이나의 오두막이다.
이를 재현한 '매머드하우스'가 2013년 일본 요코하마에서 전시됐다.
(출처: 위키미디어커먼스, ©NANDARO)

원시의 돔 구조를 활용해 6m 두께의 벽돌 벽으로 지은 로마의 판테온 돔
(ⓒandrew wales)

에코돔의 구조를 제작하는 과정을 연장선으로 나타낸 다이어그램이다.
가장 먼저 황금비율을 기준으로 돔의 단면 형상을 정하고 립,
브레이스 구조물을 제작한 후 모든 구조물을 결합했을 때의 모양
(가장 마지막 다이어그램)으로 표현했다.

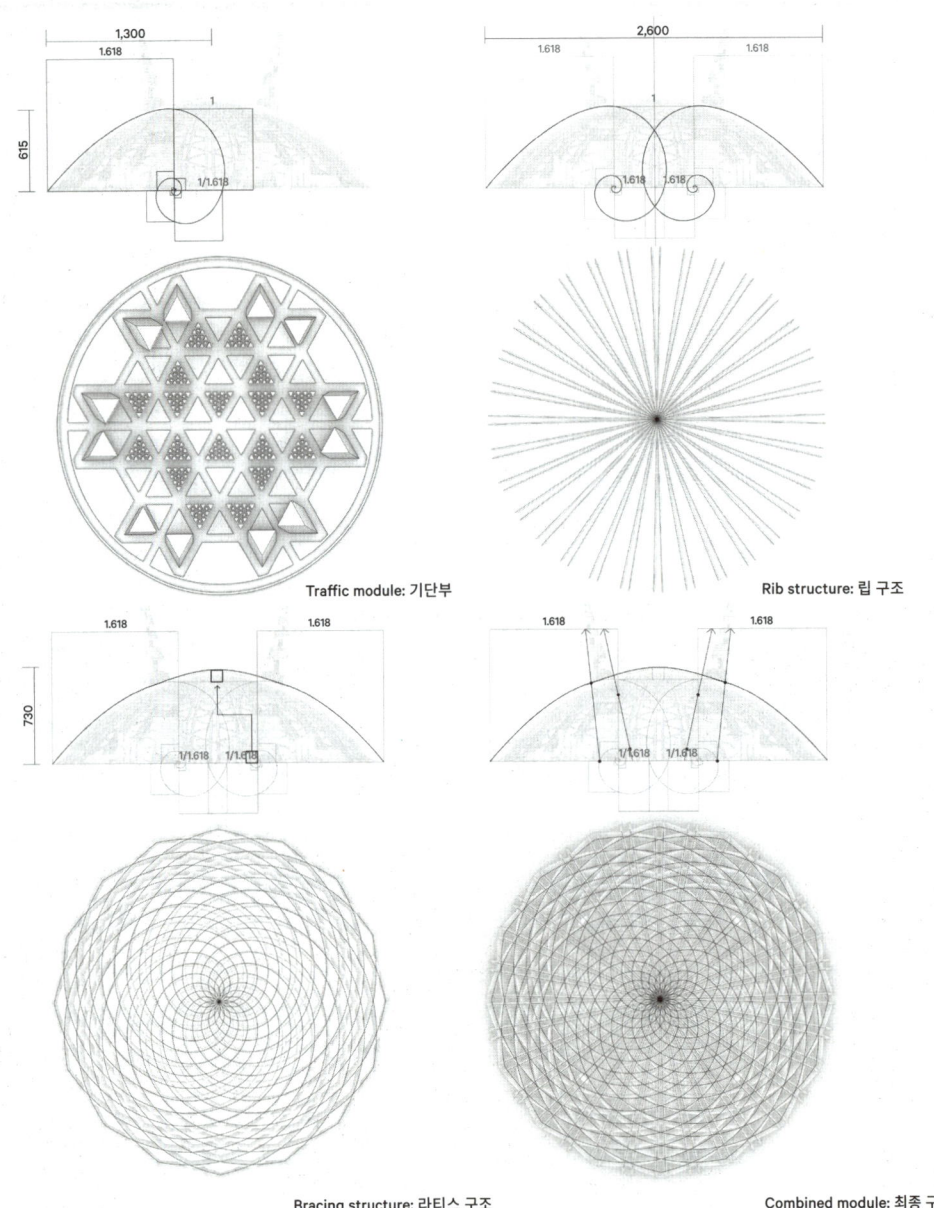

그가 1960년대에 선보인 아이디어, 지오데식(Geodesic) 돔은 맨해튼 한가운데를 지름 3.2km의 투명한 돔으로 덮는 것이다. 일정한 길이의 부재를 써서 외력에 저항할 수 있도록 분할한 트러스트 구조의 돔은 가장 적은 재료로 가장 강한 건축물을 지을 수 있는 경제적 원리에 입각한다. 벅민스터 풀러가 제안한 지오데식 돔은 건축물의 아이디어에서 나아가 도시나 마을을 덮는 더 광범위한 아이디어로 확장한다. 돔 안에 있는 건물은 벽, 창, 지붕 등에서 발생하는 열손실을 8분의 1로 줄일 수 있으며, 돔 표면의 빗물을 모아 내부의 생활용수로 활용하고 한결 깨끗한 공기를 유지할 수 있다.

새천년을 기념해 건축가 리처드 로저스가 지은 영국의 밀레니엄 돔도 있다. 건물은 최대 2만 3천 명을 수용할 수 있으며, 100m 높이의 철제 기둥 12개에 365m 직경의 유리섬유 천막이 걸려 있는 구조로, 천막 내부의 최대 높이는 52m다. 기둥의 수는 12달을, 천막의 지름은 365일을, 내부 높이는 52주를 의미한다. 전 세계인의 관심을 한 몸에 받으며 2000년 1월 1일 첫선을 보였지만 안타깝게도 개관 1년 후 관람객의 발길이 끊기며 재정 적자로 2001년 문을 닫았다. 밀레니엄 돔의 가장 큰 실패 원인은 돔 내의 전시 콘텐츠가 획일적이고 풍부하지 못했던 탓이다. 당시 14개의 전시관에서 기획된 콘텐츠가 깊이가 없었다는 혹평도 많았는데, 사실 전시는 일시적인 이벤트이기 때문에 사람들을 빈번하게 모으기에 한계가 있었다. 이후 2005년 영국의 이동통신 업체인 O2에 인수된 이후 오투(The O2)로 불리며, 현재 공연·영화·전시 등을 위한 복합문화공간으로 활용되고 있다.

위의 사례들로 알 수 있듯 돔은 빠르고 안전하게 대형 건축물을 지을 수 있다는 장점 덕분에 이벤트를 위한 건축물로서 자주 애용됐다. 동시에 이벤트성 건축 구조는 공연, 운동 경기 등 특정 이벤트가 끝나고 나면 사람들이 모두 해산하기에 건축물의 사용이 일시적이고 단발적이라는 한계가 존재한다. 돔을 기존보다 영구적이고 지속 가능하게 활용하기 위해서는 거주 기능이 필수적이다. 지금껏 돔을 주거시설로서 사용한 적은 어느 건축 사례에서도 없었지만, 마케마케 프로젝트에서 거대한 돔을 활용해 서울 주요 구역에 주거시설로서 에코돔을 지으려 하는 이유는 경제적 측면이 가장 크다. 에코돔은 서울의 물을 컨트롤하여 풍부해진 물과 그로 인해 발생한 수소·전기에너지 그리고 청량한 산소가 가득한 삶의 터전이 될 것이다.

에코돔은 도시에 활력을 불어넣을 수 있는 영속적 구조체로, 중앙에는 이벤트를 개최할 수 있는 대형 공간을 두고, 이를 둘러싼 면에는 도보, 주거시설, 상업시설, 그린스페이스, 스마트팜 등을 배치하는 방식으로 확장할 계획이다. 여기서 주목할 것은 돔의 구조체(브레이스, 립)가 그저 돔을 지탱하는 뼈대 역할만 하는 것이 아니라 구조체 내부에 공간을 넣어 주거공간으로도 기능한다는 것이다(149쪽 '외부 구조체' 다이어그램 참고). 이 구조체는 그 안에 사람이 살 수 있는 보통의 건물 정도의 두께가 될 것이다. 보통 건축물을 구성하는 주요 기둥은 뼈대 역할만 했기에 에코돔 건축은 하나의 재료에 다양한 쓸모를 고려한, 보다 친환경적인 접근이라 할 수 있겠다.

미국의 발명가이자 건축가인 벅민스터 풀러가 제안한 지오데식 돔.
개별 건축물에서 나아가 도시나 마을을 덮는 데까지 확장되는 그의 아이디어를
마케마케 프로젝트에 활용하려 한다.

최대 2만 3천 명을 수용할 수 있는 규모로 지어진 영국의 밀레니엄 돔.
개관 1년 만에 재정 적자로 문을 닫은 후, 오투(The O2)라는 이름의 복합문화공간으로
재개관하였다. (출처: 위키미디어커먼스, ⓒ Márcio Cabral de Moura)

(위)　지름 2,600m 에코돔의 물 소비와 에너지 생산 구조를 정리한 도식.
에코돔은 서울의 물을 컨트롤하여 풍부해진 물과 그로 인해 발생한 수소,
전기에너지 그리고 청량한 산소가 가득한 삶의 터전이 될 것이다.
(아래) 에코돔에는 주거시설, 상업시설 외에도 스마트팜 등을 배치할
수 있다. 2,600m 지름의 에코돔을 기준으로 가용한 스마트팜이 면적은
2km²인데, 스마트팜 1km²당 생산할 수 있는 연간생산량은 15,000t에 달한다.

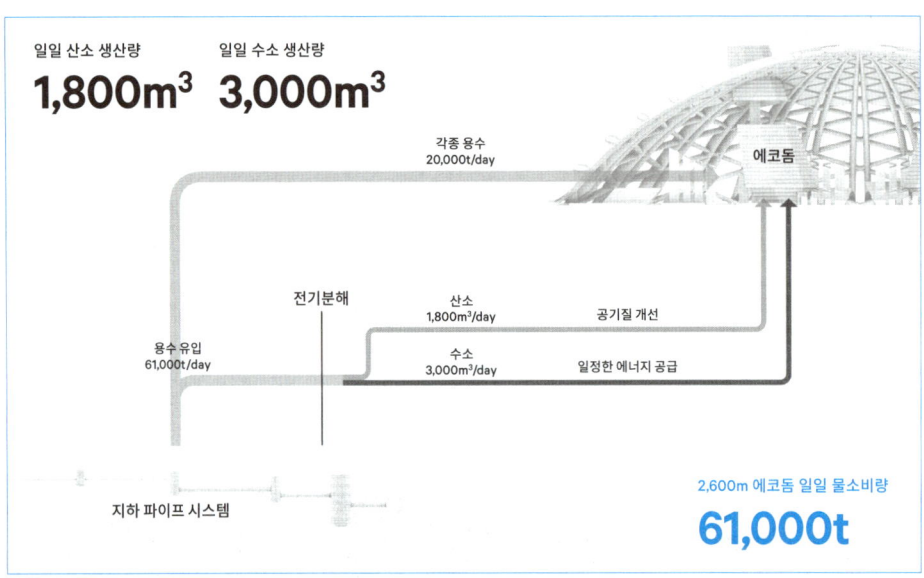

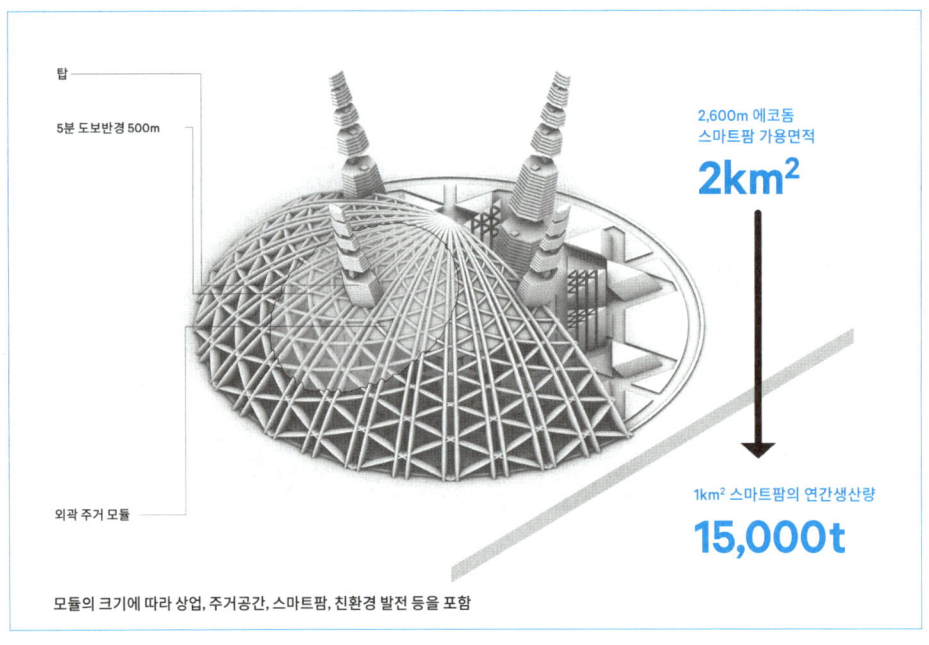

라스베이거스 시내에서 가장 눈에 띄는 랜드마크인 스피어의 외관.
돔 건축물은 경제적일 뿐 아니라 미적으로도 효과가 뛰어나다. (ⓒCory Doctorow)

에코돔에서 일어나는 일

돔의 유형은 지역의 면적, 기능, 환경에 따라서 다양한 유형으로 적절히 디자인한다. 예를 들면 상업지구와 거주공간이 필요한 지역에는 건축물 비중이 높은 돔을 설치하고, 숲이 있는 공공공간이 필요하다면 이를 위한 돔을 짓는 방식이다. 공공공간 중에서는 전시나 공연 등 엔터테인먼트에 특화된 이벤트 돔도 있을 것이다. 이를테면 최근 U2의 공연으로 압도적인 몰입을 증명한 공연장 스피어처럼 말이다.

스피어는 2023년 기준 세계 최대 규모의 구형 건축물로, 이전에는 볼 수 없었던 시각적 효과를 구현해 낸 공연장이다. 건물 규모는 높이 366피트(111.6m), 바닥 지름 516피트(157.3m)이고, 외벽에 설치된 스크린 면적은 5만 3,884m^2에 달해 조명을 밝히면 라스베이거스 시내에서 가장 눈에 띄는 랜드마크가 된다. 건물 내부에도 고해상도 LED 스크린이 1만 7,500석 규모의 객석 절반을 감싸고 있어서 영상이 재생되면 마치 가상공간에 들어온 듯한 높은 몰입감을 느낄 수 있다.

영국을 대표하는 밴드 U2의 공연으로 압도적 몰입을 증명해 낸, 세계 최대 규모의 구형 건축물 스피어의 모습(©James Dugas) ●

둥근 원형의 에코돔이 서너 개씩 군집 도시를 만들어 내면 돔과 돔 사이에 유휴공간이 생겨나는데, 이곳은 포켓파크, 바람길 등으로 활용할 수 있다. 이처럼 에코돔 내부뿐만 아니라 외부의 다양한 가능성도 동시에 염두에 두고 설계해야 한다.

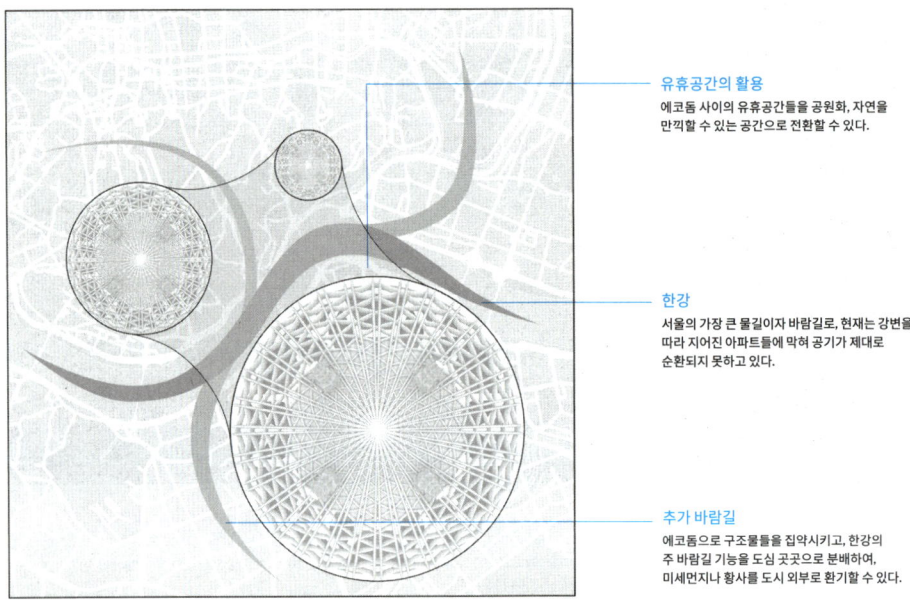

유휴공간의 활용
에코돔 사이의 유휴공간들을 공원화, 자연을 만끽할 수 있는 공간으로 전환할 수 있다.

한강
서울의 가장 큰 물길이자 바람길로, 현재는 강변을 따라 지어진 아파트들에 막혀 공기가 제대로 순환되지 못하고 있다.

추가 바람길
에코돔으로 구조물들을 집약시키고, 한강의 주 바람길 기능을 도심 곳곳으로 분배하여, 미세먼지나 황사를 도시 외부로 환기할 수 있다.

에코돔 설계 시 서너 가지 타입을 미리 기획해 놓은 뒤 특정 지역에 필요한 유형을 건축하는 시스템을 구축한다면, 건축에 필요한 시간과 비용에 관하여 효율을 높일 수 있을 것이다. 다만 에코돔의 유형과 구조를 검토할 때 도시 슬럼화를 필수적으로 고려해야 한다. 이를테면 파리의 금융과 업무 중심 지역으로 불리는 라데팡스는 유럽에서는 보기 드물게 30~40층짜리 고층 건물이 빼곡한 곳이다. 이곳에는 최신식 쇼핑시설은 많지만 주말에는 지나다니는 사람이 없이 썰렁하기만 하다. 도시의 기능을 업무만을 위한 곳으로 한정했을 때 오히려 도시의 슬럼화가 일어날 수 있다는 것을 보여 준다. 에코돔을 고안할 때 나무와 숲이 있는 공공공간과 주거공간을 조화롭게 고려할 필요성에 대해 참고할 만한 사례가 될 것이다.

둥근 원형의 에코돔이 서너 개씩 군집 도시를 만들어 내면, 돔과 돔 사이에 나머지 유휴공간이 생길 것이다. 바르셀로나의 방사형 도시에선 이곳을 탁 트인 광장이나 공원 등 시민들의 공공공간으로 잘 활용했다. 에코돔과 에코돔 사이에 생겨난 유휴공간 역시 다양한 기회를 꿈꿀 수 있는 공간이다. 도시 곳곳의 포켓파크로 만들어서 시민들이 점심시간이나 주말에 여유롭게 거닐며 자연을 만끽할 수 있는 공간으로 활용해 볼 수도 있다. 건물과 건물 사이로 부는 바람은 분지 형태의 서울 내에 바람길을 만들어 각종 미세먼지나 황사가 원활하게 도시를 빠져나갈 수도 있다. 또한 여름철에는 건물 사이에 그림자가 드리워져 시민들이 더위를 피할 수 있는 쉼터로서 기능하기도 할 것이다. 이러한 다양한 가능성을 열어 두고 에코돔 내부뿐만 아니라 외부의 가능성을 동시에 기대할 수 있도록 설계해야 할 것이다.

살고 싶은 도시

"강을 흐르는 물이 일 년 365일간을 통해 일정한 유량과 수위를 유지하면서 흘러주는 그런 강이 있다면 그곳에는 홍수의 시달림도 갈수의 고달픔도 없을 것이다." ● 서울의 도시계획 50년 역사를 장장 6권에 걸쳐 쓴 손정목 저자의 말이다. 우리는 한강의 체질을 개선하기 위해 강 아래 두 번째 강을 만들어 홍수와 침수를 막으며 물의 순환을 도울 것이다. 마케마케 프로젝트를 통해서 어쩌면 손정목 저자가 꿈꾼 그런 강의 모습을 구현할 수 있을지도 모른다.

하지만 마케마케 프로젝트의 구상부터 기획, 실행 전반에 존재하는 1가지 가장 중요한 내용은 '살 만한, 살고 싶은 도시'에 대한 기대다. 경제적으로 일정한 소득을 넘어서고 삶의 가치관이 복잡다단해지면서 집에 대한 가치도 덩달아 높아진 것처럼 도시에 대한 욕망도 진화하고 있다. 개개인의 삶이 모여 도시라는 공간을 이룬다. 그러니 우리가 살고 있는 도시는 우리의 모습을 일정 부분 대변하는 곳이기도 하다. 여기서 한 발짝 나아가 우리가 살고 싶은 모습은 우리가 어떤 사람이 되고 싶은지에 대한 지향점을 말해 준다. 당신은 어떻게 살고 싶은가? 인간은 앞으로 어떻게 살아야 할까? 이러한 거대한 물음은 우리를 주저하게 만들 뿐이니 질문의 크기를 줄여 보자. 당신은 지금 어떻게 살고 있는가?

평범한 직장인은 하루 8시간 잠을 자고 9시간을 직장에서 보낸다. 나머지 7시간 중 절반은 이동 시간에 쓰인다. 소위 '지옥철'로 불리는 만원 지하철이나 버스를 타거나 꽉 막힌 도심 도로를 느릿느릿 자동차로 주행한다. 나머지 3~4시간 남짓한 시간은 생존을 위한 운동으로, 직장과 이동의 스트레스를 덜기 위한 음주 등으로 쓰인다. 도시인의 삶을 요약한 몇 줄의 문장만 봐도 전혀 살 만하지 않다. 그 틈바구니 안에서 '앞으로 어떻게 살 것인가'라는 질문은 미래를 꿈꾸는 긍정적인 희망이기보다 생계를 위한 투쟁에 가깝다. 사색이 필요한 본질적인 질문에는 답을 하지 못한 채 쫓기는 듯한 일상은 스트레스와 불만이 높은 시민을 만든다. 겉은 무미건조하고 속은 풍요롭지 못한, 지금의 서울과 빼닮은 모습이지 않은가.

서울이 좋은 도시가 되기 위해선 시민이 풍요로운 마음으로 지낼 수 있는 곳이어야 하며, 시민이 애착을 갖는 곳이어야 한다. 이를 위해서 나는 2가지가 중요하다고 본다. 하나는 인구 감소가 현실이 된 상황에서 구도심의 슬럼화를 방지하는 일이고, 다른 하나는 기후재난에도 안전한 솔루션과 인프라스트럭처를 개발하는 일이다. 사회기반시설에 전략적으로 투자한다면 고밀도 개발의 규모, 고밀도 개발을 지원하는 장소의 수, 도심지역과 가까운 기존 고밀도 개발지역과 교외지역 간의 연결을 늘리는 데 유용하다.● 도시 기호학자이자 『도시 인간학』의 저자 김성도의 표현을 빌리자면 "서울은 치매에 걸린 도시"다.● 서울은 자신의 역사를 잊고 혼란한 현실 속에서 정체성을 잃어 가는 도시라는 얘기다. 구도심이 낡았다는 이유 하나로 완전히 부수고 새로운 도시를 기획하기보다 구도심의 슬럼화를 막을 방법을 찾아야 한다.

이를 위해 국내에는 아직 도입되지 않았지만 공중권 제도 토지와 건물의 상부공간을 개발할 수 있는 권리를 일부 적용해 도시적

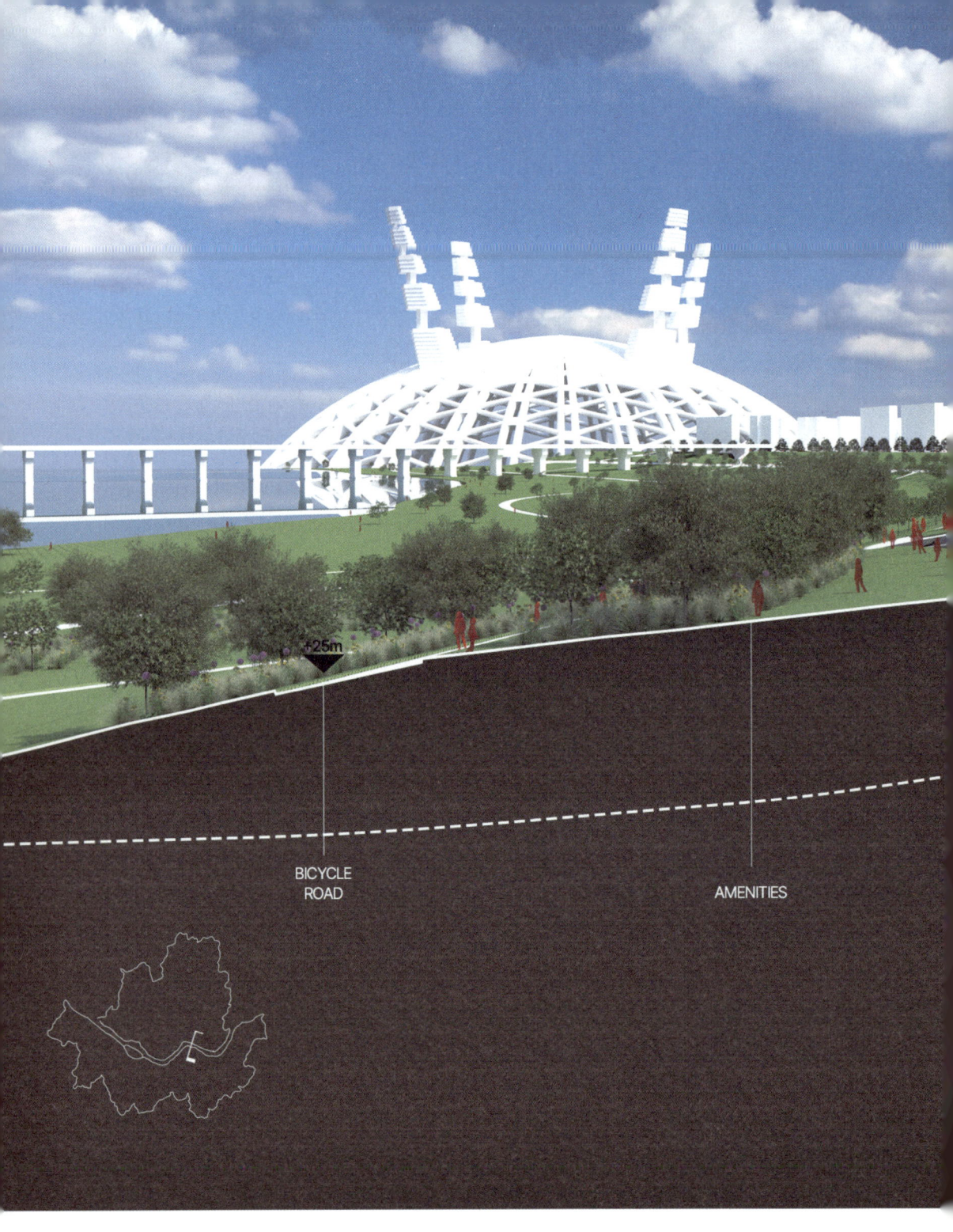

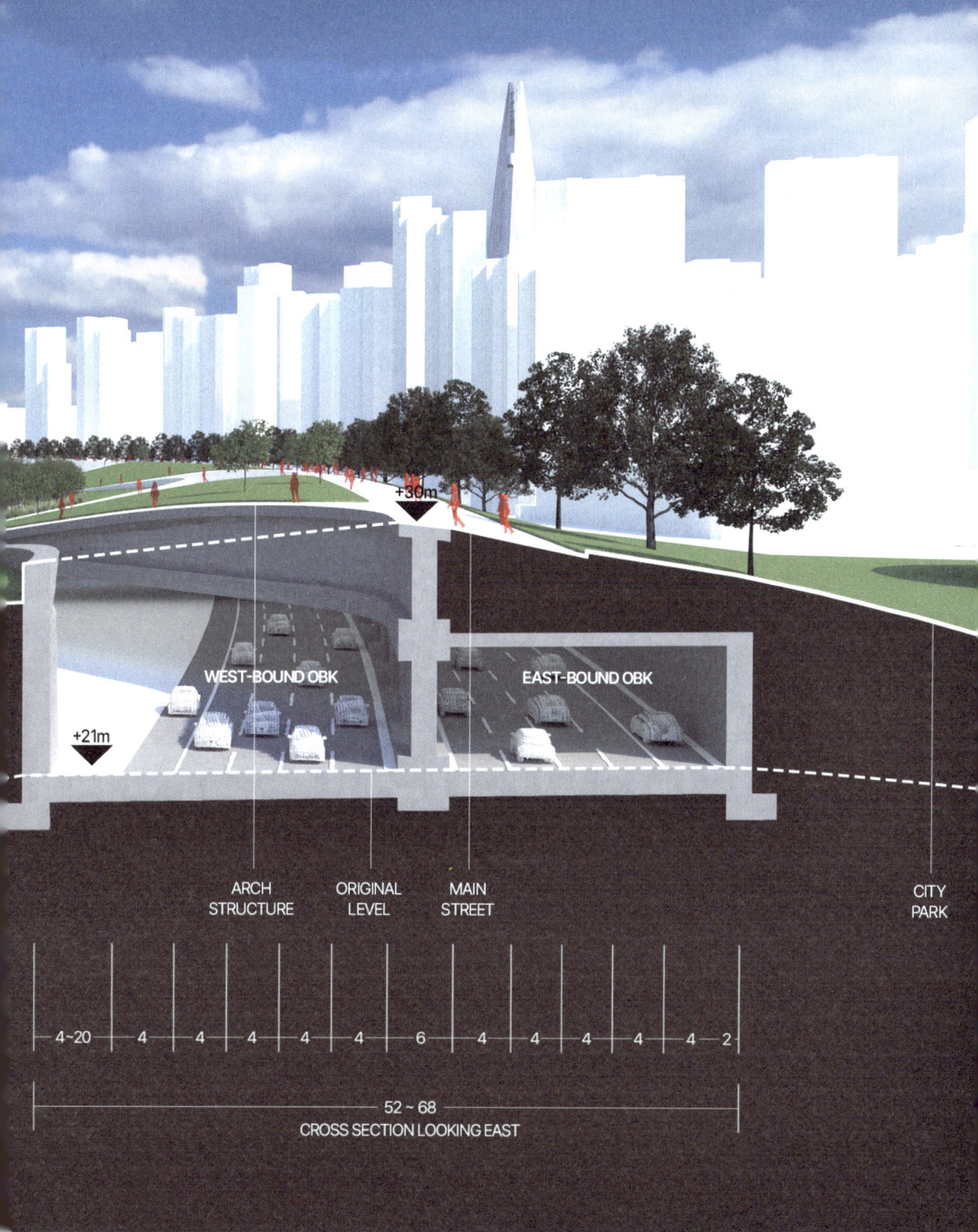

잠실한강공원의 단면도. 점선은 기존의 단면선이다. 마케마케 프로젝트를 통해 새롭게 만들어진 대지는 올림픽대로를 덮는 대지와 연결된다. 이는 기존에 도심에서 한강으로 향하던 길목이 올림픽대로 등 자동차전용도로로 복잡하게 얽혔던 문제를 해결해 준다.

스케일을 입체적으로 만드는 것이 하나의 방법이 될 수 있다. 앞으로의 도시와 경제에 필요한 고밀도 집중 개발을 가로막는 낡은 건축법과 규제는 현대화할 필요가 있다. 다만 자유시장 경제학자 타일러 코웬이 우려하듯 도시의 건축 규제를 없앴을 때 토지 소유자에게만 혜택이 돌아가고 토지를 가장 절실히 필요로 하는 사람들에게 그것이 돌아가지 않는 상황을 경계해야 한다.● 현재 서울에 사는 청년들은 1.5룸을 갖는 것을 하나의 소망으로 여길 정도로 주택 임대료가 너무 비싸다. 이들 중 약 30%가량이 고시원처럼 집이 아닌 방에 살고 있다. 청년들의 평균적인 주거 실태가 만족스럽지 못한 것이 지금의 현실이다.

청년들의 생활공간을 넓히는 방안으로 아름다운 위성공간을 늘리는 것을 제안한다. 마치 지구 주변에 존재하는 위성처럼 시민들이 언제나 편하게 활용할 수 있는 공원, 도서관, 숲, 공연장, 카페 등 공공공간을 포함한 문화공간이 많이 존재해야 한다. 때로는 서울숲처럼 거대한 공원보다 단 몇 그루의 나무로 둘러싸인 집 근처 포켓파크 4,000㎡ 이하의 작은 야외공간으로 도시나 마을의 길모퉁이나 보행자 공간의 일부 등 자투리땅에 조성하는 '쌈지공원', '미니공원'을 일컫는다● 가 더 깊은 휴식을 줄 수 있다. 공원의 핵심은 채우는 것에 있지 않고 비우는 것에 있다. 도시는 그 비어 있는 공간으로부터 오히려 성장의 동력을 얻는다. 이에 관해서 '우리 시대의 최고 지성인'으로 불리는 이어령 선생의 말씀은 예시로 빼놓을 수 없다. "도시는 우리의 제2의 신체입니다. 그 신체 기능이 서로 어울려야 되는데, 어울리기 위해서는 반드시 비어 있는(void) 공간이 있어야 합니다. 그것이 배꼽입니다. 옴파로스(Omphalos) 그리스어와 라틴어로 '배꼽' 혹은

'세계의 중심'을 뜻함 입니다. 어떤 도시든지 가장 쓸모없고 불필요한 공허한 공간이 있어야 합니다. 그것이 빈 공간입니다. 비어 있기 때문에 전체가 사는 것이지요. 우리 배꼽하고 똑같습니다. 우리 신체 중에 모두 일을 하는데, 제일 안 하고 아무 쓸데없는 것이 배꼽인데, 그것이 중앙에 있습니다. 이 중심의 공간 옴파로스는 세계 어딜 가도 있습니다. 그것이 공원(park)입니다."● 선생의 말처럼 옴파로스, 정원, 비어 있는 공간에는 자유로움이 있다. 집 밖을 나와 5분 거리에 있는 공원에서 하는 짧은 산책은 정신없는 일상에서 방향을 볼 수 있는 틈을 내어 줄 것이다. 도시에 으레 따라붙던 빠른 속도, 개발은 더 이상 지속 가능하지 않다. 오히려 비어 있는 공간은 브레이크가 돼 준다. 매 순간 멈춰서 삶을 굽어보고 시간을 즐기며 창조적인 지혜를 북돋울 수 있는 옴파로스가 도시 곳곳에 꼭 필요한 이유다.

도시에 깃든 자유로움과 여유는 분위기를 만든다. 특정 도시에 사는 사람들이 서로에게 영향을 미치며 공통적으로 내재한 심성 같은 것이다. 분위기는 '지구를 둘러싸고 있는 기체'를 말하며 동시에 '그 자리나 상황, 장면에서 느껴지는 기분'을 뜻하기도 한다. 사람들 사이를 떠다니는 분위기는 하루아침에 만들어지는 것이 아니다. 그 분위기가 새로운 생각을 북돋고 현재의 위기를 지혜롭게 풀어 갈 수 있는 원동력이 되는 것이라면 더더욱 그렇다. 도시를 감도는 분위기는 마치 그날의 날씨처럼 우리가 생각지도 못한 것들을 좌지우지한다. 사람들이 삶을 대하는 태도나 방식을 변화시키고, 매일매일의 생계를 넘어 인간의 삶이라는 철학적 고찰까지 가능하게 만든다.

이와 관련해 뉴욕대학교 글로벌 연구 교수이자 도시계획가인 리처드 플로리다가 언급한 용어를 예로 들고 싶다. 그는 좋은 도시를 위한 요소 중 하나로 '사람의 기후'(people climate)를 말했다. 사람의 기후란 도시에 어떤 시설이 있고, 누가 그 지역에 살며, 그곳에서 무슨 일이 일어나고 있는지를 아우르는 개념이다.● 자연의 기후가 전 지구적으로 얼마나 중요한지 깨닫게 된 요즘, 사람의 기후 역시 우리 삶에 중요하다는 생각을 하곤 한다. 사람들이 모여서 만들어 내는 분위기는 역시 탑다운 방식의 개발처럼 1가지 요소로만 바꿀 수 있는 것이 아니다. 그는 저서 『신창조계급』에서 창조적인 직업을 가진 사람들이 살고 싶어 하는 도시가 지속적인 성장을 이뤄 왔다고 밝힌다.● 다만 "지역의 정부가 사업을 유치하기 위해 세금우대 조치와 다른 인센티브를 통해 지원책을 제공"하는 방식으로는 도시가 번성하지 않는다고 말하면서, "예술적 문화 창조성, 기술적 경제 창조성이 뿌리를 내리고 꽃피울 수 있는 종합적인 생태 환경이나 주거지"가 필요함을 역설했다. 창조성을 토대로 성장하는 도시란 창조적 직업과 자신만의 개성을 지닌 사람들이 쉽게 커뮤니티 안으로 진입할 수 있으며 다양한 가치관을 포용할 수 있는 곳이다. 그곳에서 사람들은 자신의 에너지와 재능을 마음껏 발산하며 도시의 새로운 기회를 만들어 낸다. 도시는 그런 사람들을 돕는 곳이어야 한다.

한편 인간을 둘러싼 자연, 그리고 도시의 작동 원리는 얼마나 닮아 있는가? 나는 이번 마케마케 프로젝트를 필두로 한강과 서울, 그 밖의 도시를 탐구하면서 그 교차점을 자주 발견했다. 특히 우리가 가장 중점적으로 다뤘던 물이 그러했다.

하나의 지구 안에서 물 부족과 홍수가 동시에 일어나고 있다.
어느 쪽은 물에 잠겨 피해를 입고, 어느 쪽은 물이 부족해 매일을
불편함 속에서 살아야 한다. 자연에서 볼 수 있는 이러한 극단적인
상황은 정치, 경제, 사회 분야에서도 비슷한 양상으로 나타난다.
서울의 상황도 마찬가지다. 마케마케 프로젝트를 통해 물의 균형을
되찾는 우리의 작업이, 계층적으로 양극단으로 치우치고 있는
서울 시민의 삶에도 긍정적인 균형을 가져오길 바란다. 많이 가진
이들만 안전과 녹지를 경험하는 것이 아니라 대부분의 보편적
시민 역시 안전과 녹지를 보장받을 수 있어야 한다. 이를 바탕으로
시민들은 자신이 거주하는 집, 나아가 동네와 도시에서도 자신의
개성과 창조성을 발휘하고 영감을 받을 수 있을 것이다. 마케마케
프로젝트가 서울의 수자원 시스템을 한층 효과적으로 만들어
도시의 풍요와 균형을 가져오는 것에서 나아가 서울 시민의 삶에도
풍요와 균형을 찾는 데 일조하길 바라본다.

각자의 소망과 행복이 풍요롭게 피어나는 곳이 좋은
도시, 살 만한 세상이다. 신이 존재하는지에 대해 누구도 밝힐 수
없지만, 인간이 원초적인 불안을 덜기 위해 신의 존재를 만드는
데 일조한 것만은 분명하다. 우리는 인간이란 존재가 품고 있는
그늘을 다룰 방법을 어느 정도 알고 있다. 그늘 속에 도사리고 있는
그 작동 방법을 찾기 위해 그늘을 들추기 번거롭고 곤란할 뿐이다.
마케마케 프로젝트가 하나의 불편한 촉매가 되어 다양한 분야의
전문가들에게 의심을 불러일으키길 바란다. 그 의심은 서울이
더 아름답고 살 만한 도시가 되는 발화점이 될 것이다.

EPILOGUE 도시의 균형과
건강을 위한,
한강 다이어트

이 책 서두에 썼던 발췌문은 『두 도시 이야기』의 유명한 도입부다. 작가 찰스 디킨스는 이 책에서 모순으로 가득한 혁명 직전의 프랑스에 대해 묘사했다. 당시 프랑스는 경제가 정체된 상태였고 설상가상으로 엄청난 가뭄과 홍수, 극심한 추위가 이어졌다. 이는 당시 사람들만 겪었던 고통은 아니다. 이러한 시대적 배경과 상황, 그 안에서 사람들이 겪었던 내적·외적 갈등은 오늘날에도 많은 현대인들에게 공감을 불러일으키며 이 책을 고전의 반열에 올리고 있다.

나는 당시 프랑스가 가뭄과 홍수 등으로 몸살을 앓았던 상황에 지극히 공감했다. 가뭄과 홍수가 극단적으로 심화되는 현재의 전 세계적 현상이 떠올랐기 때문이다. 그런 혼란의 시절에 찰스 디킨스는 작가로서 당시 공공기관의 무능과 부패를 신랄하게 비판하며, 아동 인권과 교육, 사회 개혁에 힘을 쏟아야 한다는

메시지를 던졌다. 그렇다면 건축가로서 나는 이러한 상황을
타개하기 위해 어떤 메시지를 던질 수 있을까? 그에 관한 기나긴
고민을 마케마케 프로젝트라는 이름으로 집대성했다.

    마케마케 프로젝트는 1~2년 안에 해치울 수 있는 단순한
미션이 아니다. 10년 이상 장기간에 걸쳐서 단계별로, 또 순차적으로
끌고 가야 하는 프로젝트가 되어야 한다. 지난할지도 모를 이
과정을 거치고 나면 서울에는 강북과 강남을, 강동과 강서를
유기적으로 묶는 거대한 도시의 여백, 선형의 숲길이 생길 것이다.
도시의 여백은 도시에 꼭 필요한 공공공간과 건축물의 영구적
토대가 되기도 하고, 숲이 숨 쉬는 그린스페이스로도 기능하게
될 것이다. 더불어 한강은 시민들이 강수욕을 즐기던 시절처럼 더
적극적인 방식으로 여유와 쉼의 공간이 되어 돌아올 것이다. 한강의
지류를 따라 설치한 링로드와 지하탱크 시스템은 서울의 수자원을
효과적으로 순환시키고, 에너지로 활용할 수 있도록 도울 것이다.

    마케마케 프로젝트의 규모가 너무나도 크기에
현실성이 떨어진다는 우려도 있었다. 건축으로 치자면 실제로
설계하지도 못할 수 있는 건축물을 구상하는 것이나 마찬가지라는
것이다. 하지만 전 세계 도시들의 사례에서 본 것과 같이, 처음엔
실현 불가능해 보이는 구상들이 결국은 도시를 바꾸어 냈다.
다음 세대가 지금보다 더 나은 환경에서 살 수 있으려면, 지금까지의
통념을 뒤흔드는 건축적 상상력이 필요하다. 프로젝트의 내용이
좀 더 구체화되고 손에 잡힐 수 있도록 책으로 만들 필요가 있었고,

간절한 바람은 책 집필에 원동력이 되어 주었다.

    나는 꿈이라는 단어를 좋아한다. 내 주위 사람들은 어른이 되면서 꿈에 대해 덜 말하거나, 꿈꾸는 일에 적을 두지 않곤 한다. 그것이 오히려 현실의 무게를 더욱 견디지 못하게 하기 때문일까? 하지만 어린아이들은 꿈을 꾸며 현실을 밀고 나아간다. 사실 꿈은 나이를 불문하고 누구든지 살아 있게 만들고 열과 성을 다하게 만든다. 나에게 마케마케 프로젝트는 도시를 더욱 살 만한 곳으로 만드는, 굉장히 흥분되는 꿈이다. 건축가로서 사람들이 살고 싶은 공간을 만드는 일은 최고의 찬사이기 때문이다. 짧지 않은 시간 동안 나는 한강에 대한 긴 꿈을 꾸었다. 그 꿈이 아직은 한강 물에 잠긴 우천리 소내섬처럼 드러나 있지 않지만, 언젠가 물의 균형을 되찾게 되었을 때 드러날 그 땅의 아름다움을 소수가 아닌 다수가 누릴 수 있길 바란다.

후주

출처

014   Roman Shevchuk, Diego Prada-Gracia, and Francesco Rao, "Water Structure-Forming Capabilities Are Temperature Shifted for Different Models", *J. Phys. Chem. B*, 2012, Jun 28, 116(25), pp. 7538~7543.

017   리베카 솔닛, 『멀고도 가까운』, 김현우 옮김, 반비, 2016.

020   고레에다 히로카즈, 『영화를 찍으며 생각한 것』, 이지수 옮김, 바다출판사, 2017.

023   Hans Hugo Bruno Selye, *The Stress of Life*, New York: McGraw-Hill, 1956.

023   김기범 기자, "강수량 풍부하지만 한국은 '물 스트레스 국가'… 계절·지역별 편차 때문", 《경향신문》, 2023년 3월 23일자 기사.

024   최종수 외, 『빗물 관리와 도시 물 순환』, 커뮤니케이션북스, 2022.

040   댐정보, 한국대댐회 웹사이트(http://www.kncold.or.kr/ds2_1_1.html)

059   송현수, "[송현수의 역사 속 과학 이야기] 로마 제국의 수도교 (상)", 《인천일보》, 2022년 12월 1일자 기사.

059   곽동운, "악마가 만든 수도교, '마법덩어리'된 이유", 《오마이뉴스》, 2015.

067   Chaletcouleursde France, "The Paris Underground Water System: How It Works And How It Has Shaped The City", OCTOBER 3, 2022.

068   Gerolin, A., Le Nouveau, N., de Gouvello, B., "Rainwater harvesting for stormwater management: example-based typology and current approaches for evaluation to question French practices", 2013.

068   김지원, "파리 센강, 100년 만에 수영 가능해진다… 2조원 들여 정화", 《조선일보》, 2023년 7월 11일자 기사.

072   한성백제박물관, 『한강과 마을의 흔적』, 서울책방, 2017.

076   손정목, 『서울 도시계획 이야기1』, 한울, 2003, 9~10쪽.

077   앞의 책, 295쪽.

082   앞의 책, 328쪽.

084   가스통 바슐라르, 『물과 꿈』, 김병욱 옮김, 이학사, 2020.

085   정순원, 『포스트모던 도시 수변재생계획 특성에 관한 연구』, 국내박사학위논문, 부산대학교, 2011.

085   정찬일, 『지방자치단체 합의제 감사기구의 운영성과 연구』, 국내석사학위논문, 서울시립대학교, 2018.

093   이동훈, 「시카고 리버워크의 계획과정 및 운영현황」, 『한국문화공간건축학회논문집』, 통권 69호, 2020.

094   Akkar, Muge, "Questioning the publicness of public spaces in postindustrial cities", *Traditional Dwellings and Settlements Review*, 14(2), 2005; 조경진·한소영, 「역공간(Liminal Space) 개념으로 해석한 현대도시 공공공간의 혼성적 특성에 관한 연구」, 『한국조경학회지』, 39(4), 2011.

094　　홍사흠 외, 『지역의 소득불평등과 거주지 분리의 특성 및 변화』, 국토연구원, 2022.

108　　이상동, "스페인 빌바오와 네르비온 강", 《뉴스타운》, 2010년 5월 5일자 기사.

116　　광수분와원 홈페이시 '광수의 역사'(지명 유래) 참조. www.gjmh.or.kr

117　　황병욱, 『물의 도시』, 한국미소문학, 2022, 11쪽.

121　　신항식·안현희, 「우리나라 중수도의 현황과 발전방향(하수처리의 재이용)」, 『한국수자원학회지』, 31권 4호, 1998.

123　　박지영, "IT기업, 다음 과제는 '물 전쟁'이다", 《임팩트온》, 2022년 11월 25일자 기사.

124　　서울물연구원, 「눈으로 보는 물과 경제」, 『서울워터』, 제9호 통권20호, 2018년 7월.

124　　제1차 국가물관리 기본계획(2021~2030)

125　　「중수도 현실과 문제점 및 개선사례」, 『워터저널』, 2012년 11월호.

125　　배군득, "환경부, 빗물이용시설 실태 파악 엉망", 《아주경제》, 2018년 10월 29일자 기사.

126　　안산시 상하수도사업소 웹사이트 참고. https://www.ansan.go.kr/water/common/cntnts/selectContents.do?cntnts_id=C0001879

126　　도로·공원·시장·철도 등 도시주민의 생활이나 도시기능의 유지에 필요한 물리적인 요소로, 「국토의 계획 및 이용에 관한 법률」에 의해 정해진 기반시설. 세분하면 교통시설, 공간시설, 유통·공급시설, 공공·문화체육시설, 방재시설, 보건위생시설, 환경기초시설이 있음(대한건축학회 건축용어사전).

129　　서울에너지드림센터 정보마당, '제로에너지 건축' 설명 참조.

132　　현대자동차그룹, "수소에너지에도 종류가 있다. 그레이수소, 블루수소, 그린수소란?", 《HMG 저널》, 2021년 8월 18일자 기사.

141　　에드워드 글레이저, 『도시의 승리』, 이진원 옮김, 해냄, 2021.

141　　김진호, "인간 개입없는 야생의 땅, 전체 육지의 23%뿐", 《동아사이언스》, 2018년 11월 1일자 기사.

142　　Ki-Weon Seo, Dongryeol Ryu, Jooyoung Eom, Taewhan Jeon, Jae-Seung Kim, Kookhyoun Youm, Jianli Chen, Clark R. Wilson, "Drift of Earth's Pole Confirms Groundwater Depletion as a Significant Contributor to Global Sea Level Rise 1993–2010", *Geophysical Research Letter*, 15 Jun 2023.

142　　에드워드 윌슨, 『지구의 절반』, 이한음 옮김, 사이언스북스, 2017.

151　　『월간미술』 미술용어사전, https://monthlyart.com/encyclopedia/%EB%8F%84/

155　　강영진, 『현대랜드마크건축의 도시적 구성요소에 관한 연구』, 국내석사학위논문, 경기대학교 대학원, 2010.

161　　사진 출처: https://www.flickr.com/photos/37996580417@N01/53110393482, 변경사항 없음.

163　　사진 출처: https://upload.wikimedia.org/wikipedia/commons/a/ad/U2_performing_at_Sphere_in_Las_Vegas_on_Oct_11_2023

_%282%29.jpg, 변경사항 없음.

166   손정목, 『서울 도시계획 이야기1』, 한울, 2003, 295쪽.

167   리처드 플로리다, 『도시는 왜 불평등한가』, 안종희 옮김, 매일경제신문사, 2023, 295쪽.

167   김성도, 『도시 인간학』, 안그라픽스, 2014.

170   리처드 플로리다, 『도시는 왜 불평등한가』, 290쪽.

170   주성돈 명지전문대 교수, 「새로운 유형의 녹색 도시공간, 포켓파크(Pocket Park)」, 『월간 부천YMCA』, 2022년 5월호.

171   이어령, 「용산 뮤지엄 콤플렉스 조성과 국가 브랜드로서의 가치」, 『한국박물관 개관 100주년 기념 국제학술대회 자료집』, 2009, 8~9쪽.

172   Florida, R, "The Creative Class and Economic Development", *Economic Development Quarterly*, 2014, vol. 28, issue 3, pp. 196~205.

172   리처드 플로리다, 『신창조계급』, 이길태 옮김, 북콘서트, 2011.

육백미터 한강 다이어트
기후위기로부터 도시를 구하는 법

초판 1쇄	2024년 4월 12일
초판 2쇄	2024년 7월 22일

지은이	조신형
리서치·정리	백가경
다이어그램 제작	김준석, 문영준, 이재원
기획·편집	박성진, 김미선
디자인	박고은, 정사록

발행처	사이트앤페이지
발행인	박성진
출판등록	2018년 3월 28일
	제 2019-000007호
주소	경기도 양주시 장흥면
	유원지로94번길 62
이메일	siteandpage@naver.com
전화	02-6396-4901
홈페이지	www.siteandpage.com

ISBN	979-11-976350-7-6
	03300

이 책의 판권은 지은이와
사이트앤페이지에 있습니다.
이 책 내용의 전부 또는 일부를
재사용하려면 반드시 양측의
서면 동의를 받아야 합니다.
잘못된 책은 구입하신 서점에서
교환해드립니다.